アレイド ウルトラ怪獣ガレージキット製作記
原型師が教える怪獣ガレージキットの作り方

浅川 洋

『アレイド ウルトラ怪獣ガレージキット製作記』に寄せて

拝啓

　　浅川 洋 さま

　この度は製作記の出版、誠におめでとうございます。
　世の中に原型師と呼ばれる方は無数におりますが、その内側まで覗き込みたいと思わせる存在は、そう多くはいません。浅川さんが日頃、何を見て、何を思い、何を感じながら手を動かしているのか。この本の完成で秘密の一端をようやく窺い知ることができます。
　一度塗り始めると止まらなくなる――。
　浅川さんの原型を僕なりに表現すると、こうなります。キットを塗装していると、普通なら「もうこれくらいでいいだろう」と心の声が聞こえてきます。これまでに100体を越えるガレージキットを作ってきました。だから、引き際はなんとなく分かります。しかし、この現象が崩れる日がやってきました。浅川さんのキットにはそれがないのです！一度塗り始めてみると、手が止まらなくなってしまう……。色を乗せると、必ずモールドが応えてきます。これでもかと更に色を与えると、「なんだ、こんなもんか」という具合にあっさりと受け止められてしまいます。本当にどこまでも塗り込めてしまう。まさに底なし沼のような感じです。キットを塗っていてこんな気持ちになるのは始めてでした。心底、ゾクゾクしました。あらためて浅川洋という原型師の大きさ、深さ、類まれな存在に気づかされました。
　浅川さんと初めてお会いしたのはもう随分前のことですよね。確か、ワンフェス会場でご挨拶したのが最初。とんでもない熱気とうだるような暑さだった為、何を話したかまでは覚えていませんが……。二度目は僕が定宿にしている都内のホテルにて。カラーリストのkazさんとご一緒しました。kazさん作例のバルタン星人を喫茶店のテーブルに乗せ、いろんな濃い話をしましたね。コーヒーを運んできた店員の女の子がびっくりした顔を浮かべていました。
　浅川さんの印象は実に穏やかで物静かな人、というものです。細面で色白で眼鏡をかけ、ひょろりと背が高い。一見すると、何かの技術者のようにも見える風貌。それは年月が経った今でも変わっておりません。今だからお話しますが、実はお会いした際、ある部分に注目しておりました。それは「手」です。原型師の手には何か特別な秘密が隠されているような気がして、さりげなく眺めておりました。身体の割には小さくて細い指という以外、僕と大差はなかった。
　『では、いったい何が違うのか？』
　その答えはウルトラの話をし始めた途端に分かりました。溢れ出すウルトラへのひたむきな想い、ウルトラマンや怪獣へのこだわり、立ち姿、首の角度、ウロコや角に至る細部への考察。どれもこれも半端なものではありませんでした。夢中になって喋る浅川さんを見つめ、「あぁ、やっぱりウルトラな人（超人）だ」とはっきり思ったものです。
　栄えあるシリーズ第一弾はベムラーでしたね。まずはその大きさに圧倒されたものです。それまでの主流だった30cmを遥かに超えている……。しかし、そのサイズ選択にも浅川さんならではのこだわりがありました。
　「30cmの人が着ぐるみの中に入ったとしたら、だいたい高さが36cmくらいになるんですよね」
　デザインをした成田亨氏、着ぐるみを作った高山良策氏や佐々木明氏をこよなくリスペクトする浅川さんが、どうすれば完璧に実体をトレースできるか、考え抜いた末のサイズがここに行き着かせました。そして忘れてはならないのがもう一つ、電飾です。ただ、目を光らせるだけでは飽き足らず、点滅機能やフラッシュなどを装備させてしまいました。僕は電飾が苦手でそちらの方はチャレンジできてはいませんが、kaz氏の言によると「まるで電気工事ですよ」とのこと。こんなキットは後にも先にも存在しません。このこだわりもまた、かつての怪獣の魅力をあますところなく再現したいという情熱に他なりません。
　圧倒的なリアリティで迫りくるラゴン、ド迫力のゴモラ。スペルゲン反射光を備えたバルタン星人二代目、全身を眩く発光させるザラガス、美しい飾り羽がすべてレジンで表現されたジェロニモンなど、次々に生み出されていくキットの素晴らしさは、今や誰もが知るところです。そんな中、とてつもない衝撃をガレージキット界に与えたウーが登場しました。毛と毛の間の空間表現というテーマに果敢にチャレンジしたこの作品は僕の想像を軽くクリアしてしまうどころか、あまりにも完璧なウーとして実体化しました。まさに歴史的な瞬間に立ち会ったかのような感動を覚えたものです。
　浅川さんはこうおっしゃいましたね。「必ずや、ウルトラマンと全怪獣を立体化してみせます」と。分かりました。こうなったらもう、とことんまでお付き合いさせていただきます。誰にも追随できない、圧倒的なウルトラGKコンプリートを目指して邁進してください。でも、お身体にだけは気をつけてくださいね。浅川さんの代わりは誰にもなれないのですから。
　それではまた。再会を楽しみにしております。
敬具

　平成28年7月5日　仕事場にて

小森 陽一

小森 陽一

1957年生まれ。小説家、漫画原作者、脚本家。代表作に『海猿』『S-最後の警官-』『天神』など。映像化作品も多数。怪獣ガレージキットにも造詣が深く、自身の製作した完成品をブログにて精力的に公開中。2016年にはそんなガレージキット愛を才能ある仲間と共に結実させた作品集「ULTRA MODELING WORLD」（小社刊）も発表している。

アス工房とアレイドウルトラマンシリーズについて

浅川 洋

本書について

　怪獣ガレージキットは、約30年以上前から、限られたマニアの方たちの中で楽しまれてきた大人の趣味です。そのマニアの方たちの子供時代は、ウルトラマンやゴジラなど怪獣ブームの真っただ中で育ちました。それはプラモデルで育った年代の方たちともリンクし物作りの楽しさを十二分に楽しんできた世代でもあります。言い換えれば、日本が生んだ怪獣文化を怪獣ガレージキットという形で昇華し究極の楽しみとして定着してきたとも言えます。そんな素晴らしい楽しみをたくさんの方たちに知ってもらいたいという願いを込めて、この製作記を書きました。ですので、この製作記は、あくまでも初心者向きで、できるだけ簡単に時間をかけずカッコイイ怪獣ガレージキットの完成品をつくるにはどうしたらいいかということがコンセプトになっています。ただ電飾キットの製作に関しては、毎回試行錯誤の連続ですので、少しハードルが上がるかもしれません。

アレイドウルトラマンシリーズを始めたきっかけ

　私がフィギュアメーカーのマーミットさんでソフビ原型をやらせていただいていた頃、ウルトラセブンがメインであとは東宝物や帰りマン、エースなどで、私の一番好きな初代ウルトラマンの怪獣は、何ひとつやる機会がありませんでした。
　そのうっぷんが引き金になり、私はアレイドウルトラマンシリーズを始めるためアス工房を立ち上げました。
　「自分の意思で、やりたい怪獣を好きなだけ作ってやる」な〜んて思っていましたが、現実は借金だらけで家族を養っている身なのに会社を辞めていいはずもありませんし、そんな火の車状態でうまくいくのだろうかとかなりの覚悟が必要でした。
　でももしその時、決断していなかったら、今のアレイドウルトラマンシリーズは存在しなかったことになります。

アレイドウルトラマンシリーズのサイズについて

　他社から原型製作を依頼された際、クライアントに完成後の設定全高を決められてしまうと、中に入っている人の身長が考えられていないため、並べてみると「何か変？」と思えることが多々ありました。また、怪獣を全高30cmで作ったとき、そのサイズに自分は物足りなさも感じていましたし、ウルトラマンなど人型のキャラクターの場合、30cmサイズでは電飾キットの単三電池BOXを胴体に収めるにはギリギリで、かなり厳しいと思いました。
　そこでアレイドウルトラマンシリーズの怪獣は、30cmサイズの人間が中に入る着ぐるみを想定してサイズを決めています。
　そこには、今までいろいろ出尽くしている30cmサイズのガレージキットとキャラがかぶっても、大きさが違えば、まだコレクション性はあるのではないかという思惑もありました。また、大型サイズのガレージキットのネックとなる生産コストについては、R.C.ベルグさんの中空成型と私が常圧成型で抜くことにより、ある程度削減することができると見込んだからです。

アレイドウルトラマンシリーズが目指すもの

　目標はウルトラマン3タイプと初代マンに出てくるすべての怪獣、宇宙人をコンプリートすることです。あと15年ぐらいはかかりそうですが、もう後には引けないですしね。
　今まで購入してくれているファンの方々の為にも健康に気を付け定期的に作り続けていきたいと思っています。キャラ選定は、人気キャラとマイナーキャラ、人型と怪獣型、良く商品化されているキャラとされていないキャラをなるべく均等になるように選んでいくつもりです。
　この製作記の本もできれば第二弾〜三弾と続けていきたいと思っています。

CONTENTS

宇宙怪獣ベムラー 完成品製作記…008
宇宙怪獣ベムラー 2016年再販版 完成品製作記…010
有翼怪獣チャンドラー 完成品製作記…020
海底原人ラゴン 完成品製作記…028
古代怪獣ゴモラ 完成品製作記…039
伝説怪獣ウー 完成品製作記…050
宇宙忍者バルタン星人 完成品製作記…061
変身怪獣ザラガス 完成品製作記…075
吸血植物ケロニア 完成品製作記…091
ウラン怪獣ガボラ 完成品製作記…101
地底怪獣テレスドン 完成品製作記…115
宇宙忍者バルタン星人二代目 完成品製作記…124
ニセ・ウルトラマン 完成品製作記…138
怪獣酋長ジェロニモン 完成品製作記…151
ウルトラマンAタイプ 完成品製作記…166

アレイドウルトラマンシリーズ アイテムリスト…189

あとがき…190

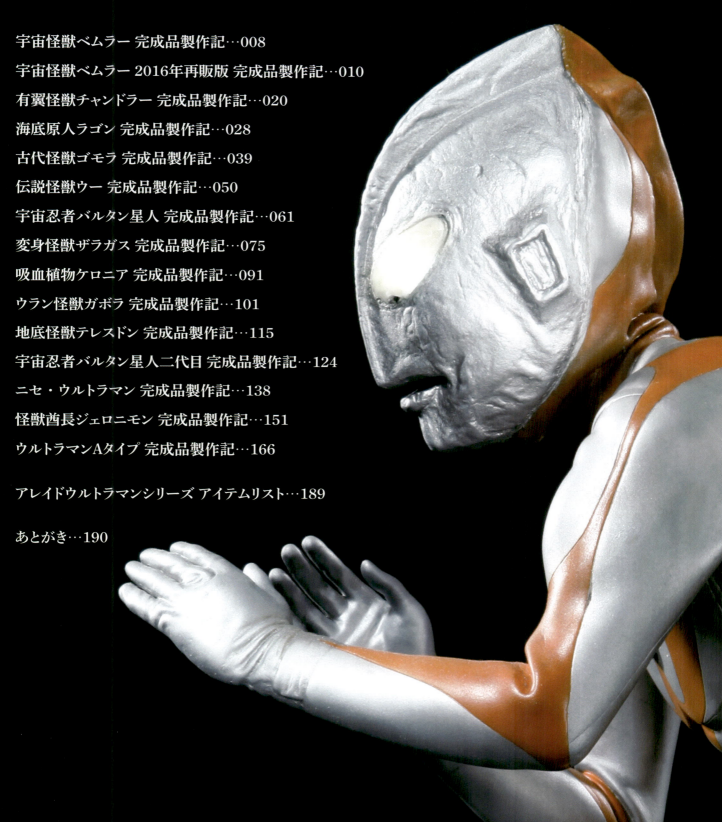

BEMLAR
宇宙怪獣ベムラー完成品製作記

BEMLAR 宇宙怪獣ベムラー 完成品製作記

宇宙怪獣ベムラー、完成いたしました。電飾も組み込んであります。自分的には、点灯してないほうが、しっくり来る感じなんですが、点いてる方が迫力がでますね。本編でも目が光ってる印象が薄いのは、昼間の場面が、多いからだと思いますが、水中のシーンでは、よく分かりますね。

点灯前

点灯後

組み立て、電飾加工は、二日前になんとか終わらせて、ペイントは、ワンフェス前日に急いで仕上げたので、粗いというか、ほとんど筆塗りで仕上げました。サーフェイサーを筆塗りした後、口の中の赤を塗って、歯の白を塗りましたが、ど〜もいまいち歯が、ボテッとしちゃって、格好悪いので、ペーパーで削り、歯は、レジンのままの色を生かすことにしました。濃淡をつけてから、クリアースプレーで仕上げました。

別パーツの眼球の白目は、かなり濃い白を塗ってもLEDの明るさは、十分光ってくれます。黒目の大きさや位置は、少し出っ張ってるので、分かると思います。

体は、明るい色（黄色系、茶色系、赤色系など）をまだらに置いていった後、暗めの色（緑色系、茶色系、黒、金色など）をシンナーでかなり薄めてジャブジャブと塗っていきました。すると溝に濃いめの色がたまるので、流れ落ちない程度で、乾かしました。あとは、ドライブラシといって明るめの色を筆に少しつけて出っ張った所などを塗りました。どれもあまり慣れてない作業なのですが、時間が無いので、幸いにもやりすぎる前に終わりました。

電飾キットの設置場所

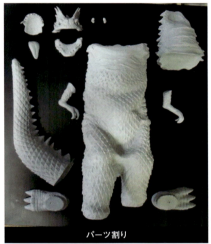
パーツ割り

取り外し可能部分の処理

電飾キットの設置場所

BEMLAR

宇宙怪獣ベムラー 2016年再販版 完成品製作記

月日が経つのは早いもので、初版を販売したのは2009年です。

その頃、私はアス工房を起ち上げたばかりで、何も分からず無我夢中でした。

このベムラーが完成し販売することになった時も造形の評価はどうかとか、版権取得してちゃんと販売できるのか、売れるのか、お客様のもとに無事送り届けられるのかなど……とても不安でした。

結局、最低個数はクリアしたものの、この大きさのキットでの値段設定が安すぎてあまり利益になりませんでした。

3ヵ月以上もかけて作った原型ですが、利益が出ないと続けていくことが難しくなっていくので、厳しいスタートになりました。また業者さんも慣れていなかったせいか、たくさんの不良パーツが発生してしまいました。その後、B品販売などで、安く販売したりもしました。

このたび、そんな苦い経験になったアス工房原型第一作目の宇宙怪獣ベムラーを再販できることになり、感慨深いものがこみ上げてきます。

これもすべて今まで購入していただきアス工房を支えてくれたた皆様のお陰です。

造形には手を加えていませんが、首の接合面の隙間を少なくしたり、すべての接合面に丸いダボを付け、合わせやすくしました（そうそう当時の接合面は、ぶった切っただけでシンチュウ線の印もあったりなかったりでしたね〜）。

また電飾キットを設置しやすいようにインナーパーツや接合面の改良をしました。

さて、ベムラーの抜きあがりサンプルが上がってきました。

胴体と首パーツが中空成型なので、レジンの色が多少違いますが、まあこれは成型上仕方がないので、ご了承くださいませ。

画像では眼球が透明で分かりづらいですが、全部で13パーツです。

ベムラーの完成品製作記（P.9参照）は、最初だったこともあり見返してみると、簡単な説明で終わってしまっていますので、補足もかねて解説してみたいと思います。

今回変更になった電飾キットに関してですが、スイッチ設置位置は、上の画像と次の画像を参照してください。

スイッチは、首と胴体の接合面に挟まるように設置します。初版の場所に近いですが、同じ位置ではありません。

中空の首パーツに電池ボックスが収まりますので、電飾加工を依頼されたキットには、単四電池ボックスが入る穴をあけておきますが、穴の位置は、キットごとに多少変わるかもしれません。

今回の電飾キットです。

顔との接合面にもLEDが通る穴をあけておきます。

顔のインナーパーツの目の部分にこのようにLEDがはまります。

リューターについて

キット製作の最初の工程から必要になるのが、リューターです。

湯口やバリを削り取るにはカッターや紙ヤスリでもできますが、やはり綺麗で早く自由自在に削ることができるリューターは欠かせません。

昔『職人の道具』という番組に出させていただいた時にもリューターについての説明をした記憶がありますが、とにかく、これがあれば完成品製作も格段に楽しくなるはずですので、ぜひおすすめです。

私の使っているリューターは、かれこれ20年ぐらい使ってきた代物でしたが、とうとう壊れてしまったので、新しいリューターに買い替えました。リューターは、私のように石粉粘土を使い毎日削る作業がある原型製作では、もっとも重要な道具でもあります。ですので妥協しないで良い物を購入しました。まだ使いはじめなので、どのぐらいもつのかは、わかりませんが、使ってみて申し分のない性能でしたので、満足しております。購入したのはアルゴファイルジャパンのエコグランデBLH800（＋ハンドピースPHP40）という商品です。今まで使っていたリューターよりはるかにトルクがあり長時間使用可能です。それでいてあまり重くなく持ちやすいです。お値段は張りますが、ともに良い仕事をしていくパートナーとして納得のいく道具だと思います。

◀完成品製作では主にこのあたりを使います。

▲これが原型製作でよく使うポイント（リューター用先端工具）です。

◀▲現在使用しているリューター。

▶完成品製作のみでの使用であれば、そんな高価なリューターでなくていいと思います。例えば写真の浦和工業「ミニターネオ」は申し分のない性能と価格だと思います。もっと安いリューターもいろいろありますが、信頼できるお店で修理や保証のきくところで購入することが大事かと思います。

なんかリューターの話が長くなってしまいましたが、ベムラーの湯口、バリ取りはリューターでサクッと終わらせました。

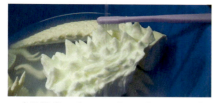

次は洗浄です。いつものようにクレンザーでゴシゴシやるわけですが、流石にベムラーは大きなトゲが多く歯ブラシでやっていくと、やりづらくてかなり時間がかかりそうです。

そこで、このような長めの毛（硬め）がついたブラシでゴシゴシやりました。
大きなトゲの間にはちょうどいいのですが、難点は、クレンザーのしずくがそこら中に飛び散りま～す。

水をかけて確認してみて水をはじく部分をみつけたら歯ブラシでゴシゴシやります、トゲのない部分には、やはり粉のクレンザーと歯ブラシが最強かもです。

一晩おいて乾いた後、リューターにドリル（2.2mm）を付けシンチュウ線用の穴を開けていきます。シンチュウ線用の穴の位置は、接合面に印がついています。2mmのシンチュウ線を適当な長さにカットし差し込んでいきます。
シンチュウ線をカットするには、大きめのニッパーの方がいいでしょう。
こちらの画像は、シンチュウ線を差し込み瞬間接着剤を流して固定した状態のものです。

組み立ては、まず胴体と足と尻尾が地面と接地する三点の接地具合を確認しながら、接着します。

分かりにくい場合は、顔や手も付けてみた方が良いですね。接合面に多少の隙間が開いても安定して立っている方が良いと思います。

ペイントや電飾キット設置の都合上、まだ接着できない部分を除き、接着できる場所を瞬間接着剤で接着した後、エポキシパテで隙間を埋めていきます。

電飾キットの場合、首パーツと胴体パーツは、電池交換があるので接着できません。なのでここは、シンチュウ線を4本しっかり首側に接着し（中空パーツなのでシンチュウ線が胴体の中に入ってしまうと出すのが面倒です）、なるべくピッタリ合うよう調節した後…

胴体との接合面にワセリンタイプの離型剤（メンソレータムでもOK）を多めに塗ります。

次にエポキシパテを首パーツ側の接合面の周りに瞬間接着剤でつけていきます。

胴体に合わせてグイッと強く圧着させると余分なパテがはみ出してきます。この後、余分なパテを爪楊枝などで取り少し多めに残しておきます。

パテが固まったら、リューターにダイヤモンドポイントをつけてモールドをつなげていきます。

その後、パキッと首と胴体を外します。接合面がボロボロの場合は、紙ヤスリなどで軽く削って表面を整えておきます。

尻尾の接合面は、ウロコの模様が合うようにリューターで溝彫りしながら、モールドを合わせていきます。

下アゴの口の中は、上の画像のようにパテ埋めしましたが、舌パーツが干渉しないよう注意してください。口の中は、後でパテ埋めしなおします。

さていよいよサーフェイサーを塗ります。最初、以前と同じように筆で塗り始めたんですが、トゲの部分などかなりの表面積なので、これは断然エアブラシの方が楽です。

360度くまなく塗るには、ひっくり返したりしながらでないと塗れませんので、パーツが小さい方が塗りやすいです。

ディテールの処理が上手く言っていっているかどうか、気泡やバリがないか、この段階でチェックします。

黄色いベムラー！
ていうか、こういう色のレジンで抜いただけみたいな〜。
ということで、今回はいつもと違う方法で、ペイントしようと思います。凄腕フィニッシャーkazさんのベムラーの塗装法をヒントに私なりになるべく難しくならないよう進めてみたいと思います。まず下地の色としてラッカーのダークイエローに白を半分ぐらい混ぜた色を全体的にムラムラに吹きました。あまりムラムラにみえないけど……。

次はもうエナメル塗料を使います。私が使っているのはタミヤのエナメル塗料ですが、そのフラットブラウン（7）とフラットブラック（2）にフラットベースをほんの少し混ぜた色をエアブラシ用に薄め資料を見ながらところどころマダラに吹いていきました。

次に今塗った色にさらにフラットブラックをたくさん（7割ぐらいかな？）、混ぜてこげ茶にして吹きました。

ちょっと早いかもですが、今度はエナメルシンナーを布につけウロコ部分などの塗装を資料を見ながら、はがしていきます。
トゲの部分は、筆にエナメルシンナーをつけ洗うようにはがしたり、綿棒で拭きとったりしてみました。
下地のダークイエローはラッカー系なので、エナメルシンナーでは溶けません。

このエナメル塗料をエアブラシで吹き、エナメルシンナーではがす工程は、何度でもできそうなので、もう一度やってみました。

赤みが欲しかったので、今度の色はエナメルのフラットブラウン（3〜4）にフラットレッド（7〜6）を混ぜシンナー多めで薄めで吹いた後、前回使ったこげ茶も吹きました。

そしてまたはがしていきました。これを繰り返していくことによって、より細かく自分のイメージした色に近づいていくのではないかと思います。

イメージ通りに仕上がったら、エナメル塗料がはがれないよう、ラッカー系塗料のスーパークリアーつや消しで、全体的にコートして定着させます。

次に口の中のペイントをしました。エナメルのフラットレッドに白を少し混ぜた色でだいたい筆塗り、舌はフラットレッドの瓶のままの色を筆塗り、唇あたりだけ、イエローグリーンを混ぜながらぼかす感じで筆塗りしました。

あと上唇にうっすらとエナメルのフラットブルーを筆塗りしました。

次に歯についた色をエナメル用シンナーと綿棒ではがします。

綿棒は先のとがったやつが使いやすいです。落ちにくい場合は、面相筆とシンナー多めでやってみます。

はがしすぎたりにじんでしまったりした部分をエナメルのフラットレッドに白を少し混ぜた色で修正します。エナメル塗料は発色はいいのですが、乾くのが遅いです。

そして乾いた後、舌を下アゴパーツに接着しラッカー系塗料のスーパークリアーつや消しで、コートしました。

足の爪のペイントは、そのままでも良かったんですが、他と何か変えたかったので、ラッカー用シンナーではがしレジンのままにしてみたら、色が合わなさすぎたので、はがさないほうが良かったです。

仕方ないから、胴体と同じように筆塗りでペイントしなおしました。

結局、サフレス塗装になり他と違った感じになったので、これはこれで良かったのかなあと。

次にいつもやっているウォッシングです。これをやるためにラッカー系で定着させたんです。

エナメルのフラットブラックをエナメルシンナーでかなり薄めます。それを大きめの刷毛などで全体に塗っていきます。

途中からでもいいですが、ティッシュペーパーやキッチンペーパーなどで軽くポンポンと余分な塗料を取っていきます。

明るめにしたいところは、シンナーだけつけて拭いたりします。

影の部分がはっきりして締まった感じです。

さていよいよ電飾キットの設置ですね。まず光漏れ防止用につや消し黒を筆塗りしました。

次に眼球を両面テープにつけて白をたっぷり筆塗りしました。

今回は眼球が小さく面積が少ないので、筆塗りでいいかと……。

顔は、資料を見直しましたら、目の周りが赤いとか青い色の場所とか、結構いろいろな色や表情があったので、エナメル塗料で描き込んでみました。

さて眼球のペイントに戻ります。一応、確認の為、インナーパーツに両面テープでつけて光らせてみました。

写真ではわかりづらいですが、これでは全然アウトです。肉眼で見ると白目部分も黒目部分もムラムラです。

やっぱり、電飾キットを甘く見てはいけませんでした〜。

ということで、ラッカーシンナーで全部落としやり直しです。

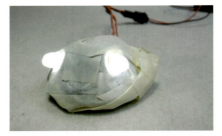

　まず両面テープで眼球をつけてから、インナーパーツ全体をマスキングします。

　次に光らせながら、エアブラシで白を慎重にムラにならないように均一に2回ぐらい吹きます。この重ねる回数によって、光量を調節できますので、光りすぎず暗すぎずのあたりで終了です。

　もし明るすぎても後から裏に白を塗ればいいです。

　次にスーパークリアー光沢を何回か吹きます。これもkazさんのテクニックを使わせていただきました。

　黒目のペイント後の修正時に、もしクリアーを塗っていないと、だんだん白目にその色が染みていき、エナメルシンナーでも落ちにくくなっていきます。

　それを防ぐためにここでクリアーを塗るんです。

　黒目は、エナメルの黒と青を混ぜた色を筆塗りしました。

　眼球には、黒目部分が浮き上がっていますが、それは電飾しない場合の大きさです。電飾する場合は、黒目を一回り大きく塗ります。

　筆塗りの際、少しはみ出したり楕円になってしまったりした時、エナメルシンナーをつけた面相筆で、修正します。溶かしながら筆ですいとる感じです。クリアーを塗ってあるので、綺麗に修正できます。

　この後は、マスキングを外し、顔に眼球をはめて、光らせてみます。

　資料を見ながら、黒目の大きさ位置などをチェックし直したいところは直します。

　私は、瞼にエポキシパテをもり、光った時、白目部分があまり大きくならないようにしました。この作業は、眼球を付けたり外したりしますので、パテが眼球につかないよう眼球を水で濡らしながら行ないました。これは多少技術を要する作業かもしれませんね。

　左目は、資料を見ると眼球が飛び出しているので少し削り、出っ張るようにしました。

　黒目がOKなら、白目部分が白すぎたので薄いオレンジを一層かけました。

　最後に水性のトップコート光沢で定着させます。

　眼球を顔に接着します。何回も合わせては外しの繰り返しでしたが、ここでようやく決断です（笑）。

　電飾キットでの最終的な目の光量や色味は、上の画像のように眼球の裏側で調整できます。

　私はオレンジ色と白を混ぜて裏側に塗りました。

　上の画像2枚が目を光らせてみたところです。やはり黒目が小さく見えるようになるのが分かると思います。

　次に上アゴ（インナーパーツ）を顔パーツに接着しパテ埋めし首パーツにも接着します。

次にスイッチをハンダ付けします。

　そのスイッチを首パーツに接着します。この時、スイッチの可動部分が動く事を確認しながら、行なってください。問題なければ、パテで隙間を埋めます。パテが柔らかいうちに胴体に合わせてみて干渉しなければOKです。

つや消し
とりあえず、つや消しバージョン完成です。この後、トップコートの光沢を全体に吹きました。

つやあり
つやありバージョンです。こうやって比べるとよく分かりますが、つやありのほうが色が鮮やかで影も強いです。
今までひたすらにつや消しばかりで塗装してきましたが、これからはつやのある無しなど使い分けていければと思います。

完成品 GALLERY
宇宙怪獣ベムラー編

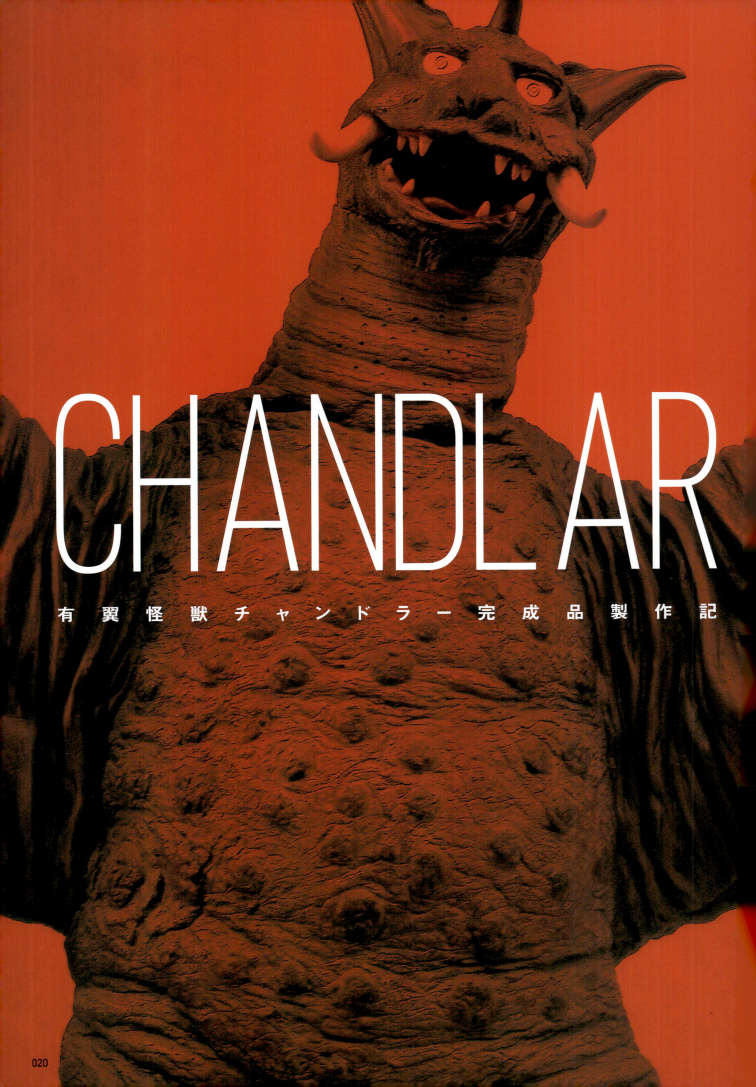

CHANDLAR

有翼怪獣チャンドラー完成品製作記

CHANDLAR

有翼怪獣チャンドラー完成品製作記

こちらはチャンドラーのパーツ割り原型画像。まずは、バラバラのままのパーツを洗浄、バリ取り、湯口取りと薄めにサフ塗りしました。今回は顔パーツを3個分余分に用意して、ワンダーフェスティバルの会場で3種類の顔が簡単にトッカエヒッカエできるようにしたいと思います。

したがって電飾キットも3個分LEDを増やしました。顔と首の接合面部分にちょうどコネクターがくるので、完成後もつけたり外したりが可能になります。そして、ハンダ付けが下手な私にはうってつけの道具を見つけたので購入。

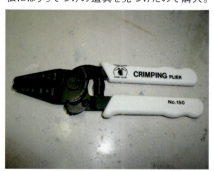

これって、よく電気工事屋さんが、腰のホルスターからさっと出して、慣れた手つきで、コードの皮むきやカシメなどをやっているのを見たことがあったので、プロの道具だから素人の私に果たして使いこなせるのか心配でしたが、金具をカシメるにはこれを使わないとできないわけで…。

配線コードの長さを見ながら、コードを切断しコネクター用の金具をカシメました。コネクターを取り付けることによって、LEDから4本あったコードをここで、2本にまとめる意味もあります。ちなみに電飾キットは、コネクター設置済みです。

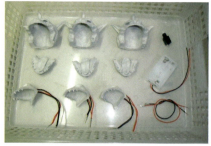

今回、LED設置用のパーツは上アゴパーツと一体化させたので、電飾キットでなくてもLEDの穴を開けるだけで、LEDを設置できるようになっています。

次に光漏れ防止用の黒を塗りました。レジンが薄い所は、結構光が透けるので、これは重要ですね。試しに光らせたら、なんと上アゴの歯ぐきの奥まで光が透けましたし…。

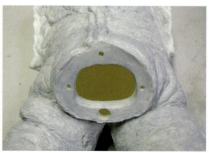

次に毎回悩むスイッチの位置ですが、今回は胴体と尻尾の接合面の胴体側にしました。この接合面を取り外し可能にしておいて、そこで電池交換とスイッチ操作が出来るようにしようと思います。

キットの胴体側接合面には、左右2ヵ所のシンチュウ線用の穴のガイドがありますが、電飾キットでは、真ん中の大きい穴開けと上にもシンチュウ線用の穴を増やし、下にはスイッチがはまる大きめの穴を開けます。でっ、尻尾を少し離すことによってスイッチが入ったり切れたりという感じになるのが理想なんですが、難しければ、尻尾をはずしてスイッチ操作ができるようにします。

電飾設置前に胴体と羽、足、足のトゲ、の接着、パテ埋めをしました。接合面には、シンチュウ線で補強して瞬着で付けた後、隙間を埋めるパテにはウェーブ製のポリパテ「モリモリ120」というのを使ってみました。盛り上げができるというのが売りのようで、ポリパテにしては固めな感じです。ただ、硬化剤を混ぜた色が黄色なので、ちと形が見づらいかも。画像では羽のレジンが、薄いピンクですが、キットの色はみんなアイボリーです。

接合面のパテが固まった後、ディテールを周りと同じような感じに荒らしていきます。使うのは、リューターに砥石の刃か、ダイヤモンドの粉付きの刃です。

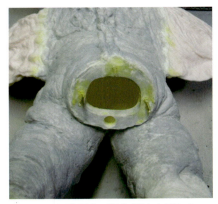

スイッチを設置する胴体側接合面に2mmのシンチュウ線を3本長めで平行に固定し、接着しました。尻尾側の穴はかなり大きめに開けて、位置決めがしやすいようにしておきます。

ピッタリはまるように、尻尾側接合面にポリパテをたっぷり塗り、胴体側には離型剤（ワセリンかメンソレータムでもOK）を塗りました。シンチュウ線がはまる穴にもパテが入っていきますので、シンチュウ線にも離型剤をよく塗っておきます。ピッタリ押し付けると横からパテがはみ出してくるぐらいがベストです。パテ硬化後に尻尾をはずして、多少ペーパーでならしました。

これで、しっかり尻尾が嵌るようになりました。注意点は、足と尻尾の三点の底面がしっかり地面につくように調節するということですね。足の向きや角度、尻尾の付き方、レジンパーツのバリや段差などいろいろな要素が重なるので、一概にどこをどうするとは、言えませんが…。

上記の作業と平行して眼球に白を吹きました。

チャンドラーの色は分かりづらいのですが、イメージとしては、赤茶とダークグレーのまだらと言う感じかな〜。とりあえず、赤茶をベースにしてペイントしました。一回全部シンナーで洗っちゃったりしてやり直しましたが、こんな感じに塗りました。画像ないですが、3つの顔や下アゴも同じように塗りました。

この後は、胴体の色にまたラッカーで塗り重ねていき、濃淡をつけたり、爪の色、お腹のボツボツの色などですかね。あっそうそう、顔がバラバラのうちに口の中のペイントと眼球の方も進めていかなくちゃですね。

次に口の中の色に赤を塗り、その赤に多少陰影をつけました。小さいキバの塗料は、はがしたり、シンナーでふき取ったりしてレジンの地の色を出しました。そして画像では分からないですが、黄色＋黒をシンナーでかなり薄めて、キバの陰影（汚し）をつけました。またLEDがはまる所に光の拡散用として白を塗りました。

胴体と頭、下アゴは、まずラッカーのダークブラウン＋黒＋金＋フラットベースで、暗めの所を吹き、明るめの所をダークイエロー＋白＋金＋フラットベースで、吹いていきます。そしてお腹のボツボツの色は、赤、茶、黒などを適当に混ぜたりしながら、あまり同じ色で揃わないように塗っていきます…ていうか、画像ではみんな同じ色に見えてるし…。

この後、電飾パーツの取り付けをしました。スイッチ部分は、こんな感じになっています。

スイッチの入れ方は、尻尾を少し離してからはめるとカチッと音がしてオン、また同じ動作でオフになるようになりました。なお、電飾キットではここまで加工はしていないです。スイッチのはまる穴を開けるまでは加工いたしますが、その後、スイッチを接着しないとオンオフの微調整ができないからです。うまく出来なくても尻尾をはずして手動でオンオフすればいいだけのことですが…。

電池ボックスは胴体に放り込んでおくだけですが、首の方のコネクター部は、付け外しがしやすいよう、少し中のほうで、コードをエポキシパテで固定しました。この時、電池ボックスが取り出せて、電池交換できる程のコードの長さを考え位置決めします。

足と手の爪は、映像ではどうも白ではないようなので、黄＋赤＋白＋黒でくすんだオレンジ色のような色を汚しを入れながら塗りました。さてここまできたら完成させちゃえってことで、全体的にエナメルのつや消し黒で、ジャブジャブやりながらティッシュペーパーで軽くふき取ったりしました。乾いてからつや消しクリアースプレーして完成です。いや〜なんとか完成しましたが、もっとプロな方々の完成品も見られたらうれしいで〜す。

次に顔にLEDを組み込み各パーツを接着しました。眼球のペイントは、キットで少し段差になっている黒目部分にエナメルの黒で正円（？）を描いて、その中にエナメルの赤＋黒少々の色を真ん中の白点を残して塗り、最後はクリアーを吹きましたが、結局黒目部分は、筆塗りでやりました。頭の角は先が少し明るめの感じにしてエナメルのクリアーでつやを少し出しました。大きい牙は薄くラッカーの白を塗り、汚しでエナメルの黒を薄めで付けてから、エナメルのクリアーを塗りました。

完成品 GALLERY
有翼怪獣チャンドラー編

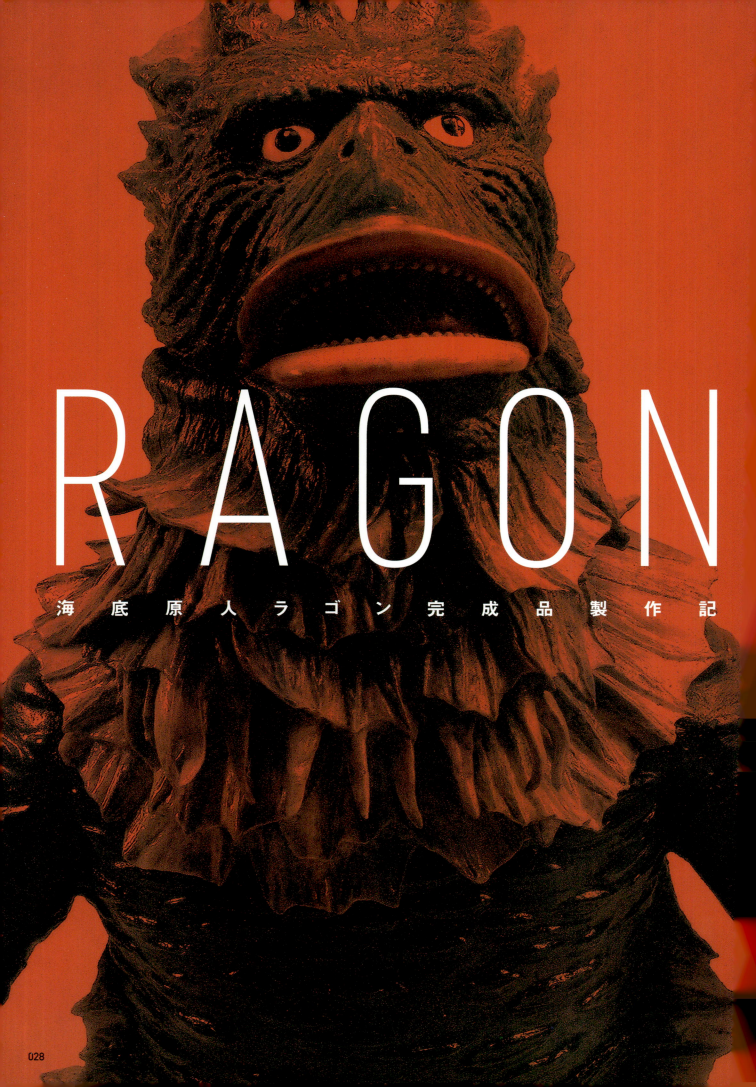

RAGON
海底原人ラゴン完成品製作記

RAGON

海底原人ラゴン 完成品製作記

遅れていました複製パーツがついに揃いましたので、ラゴン電飾完成品製作を始めたいと思います。まず湯口やバリをカッターやリューターで取ります。だいたいの湯口はカッターでサクサクと削れてしまいますが、くれぐれもケガには気をつけないとですね。背ビレの湯口とか壊れやすい所は、無理せずにリューターとか紙ヤスリで地道に削っていきます。あと、バリと段差は、できればリューターにダイヤの粉付き刃か、砥石の刃で、取っていくのが良いですが、なければ紙ヤスリなどでもかまいません。モールドを付けながら削っていけば、目立たなくなると思います。その後離型剤を落とす為、クレンザーや歯磨き粉などを歯ブラシにつけてゴシゴシやり中性洗剤でもゴシゴシやります。水が弾かず、均等に濡れるようになれば良いかと思います。タオルで拭いて乾かした後、組み立てに入ります。始めにすべての接着面は粗目の紙ヤスリで削っておくと、より強力に接着できるので良いかと思います。ピッタリ合わない接合面も紙ヤスリを間に挟んで引っ張り出しながら削ればよりピッタリ合うようになります。この作業は現段階でやりにくかったらシンチュウ線の打ち込み後でも良いと思います。

まず舌パーツを下唇パーツに瞬間接着剤で接着します。ここは、口の中で、色もほとんど同じ赤ですので、この段階で舌がついていても大丈夫だと思います。丸いボッチにはまるようになっていますが、向きが正面を向くように接着します。

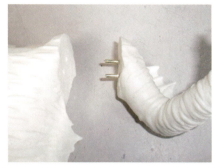

次に腕の接着です。ここも後で塗り分けなどがあるわけではないので、接着してしまって大丈夫だと思います。直径2mmのシンチュウ線を打ち込むのですが、やや大きめの2.5mmぐらいのドリル刃で、穴を開けておけば、接合面の微調整ができます。ここは、今回瞬間接着剤とレジンの粉ですき間を埋めました。はみ出したところは、後からリューターで削ってならします。

次に首ヒレパーツ（胴体と接するヒレパーツ）と中間のヒレパーツの接着です。ここは電飾キットの場合、スイッチ収納部分になります。電飾無しのキットは表からこの穴は見えないようにふさがってます。一応、シンチュウ線を打ち込んでから瞬間接着剤で接着し、隙間をパテ埋めしました。

次は顔パーツと後頭部パーツの上部2ヵ所にシンチュウ線の打ち込みをしました。ここは、まだ接着せず、あたりだけ付けておきます。

画像では分かりにくいですが、下唇パーツが入り組んではまるように分割されてますので、下唇パーツと顔、後頭部パーツもあたりだけ付けておきます。

眼球パーツの付き方ですが、凹んでいる方が下向きです。逆でもなんとかはまってしまいますので、間違えないようにしないと、表から見たとき黒目の位置が変な方に向いちゃいま〜す。今回は、眼球と電飾用インナーパーツを合体させましたので、裏に開いている穴に直径3mmのLEDをはめ込み…

こんな感じでパテで固定すれば良いかと思います。

続いては、首ヒレパーツと胴体との接合面ですが、ここは電飾キットの場合、電池交換時に取り外し可能にする部分ですから接着はしません。ですからシンチュウ線を4本打ち込んで、大きめに開けた穴をピッタリに修正するためパテ埋めをしました。しかし、平らな面同士の接合ではないので、シンチュウ線用の穴の角度がわかりにくいです。

そんなときはこのように爪楊枝などで平行垂直を見ながら少しずつ穴を開けていくと分かりやすいかも。

今度は足の接着です。ここをなぜもっと早めにやらなかったかと言いますと、この足の接着で全体のバランスが全然変わってきてしまうからです。腕や顔が、接着済で仮付けできる段階になって、全体が見られるようになってから、ここを接着しようと思っていました。まずは2mmのシンチュウ線を差し込む為の穴を2.5mmのドリルで開けました。すべての接合面のシンチュウ線用の穴の位置は、キットにくぼみがあるので分かると思います。顔パーツは、裏側にガムテープなどで仮止めして本体につけます。

私は少し前に出ている左足から接着しました。体の左右前後への傾きなど一番自然な位置を探します。と言ってもほんの少しのずれでしかありませんが…変わりやすいのは、足の向きですね。足の向きはこの画像や完成品画像を参考にしていただければ幸いです。このポーズは、左斜め上方向のウルトラマンを見ていますので、顔の向きと脚の向きがずれていて、腕と上半身がその中間という感じのポーズですから、分かりにくいかもしれませんが足の向きは、基本的にはヒザの向きと同じ方向で、右足はそれより多少外向きかな〜?

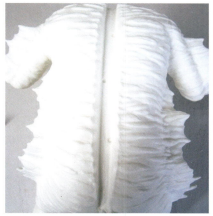

次は背ビレの接着ですが、背ビレは二枚あり特に右の背ビレは、回り込んでいるため、ペイントしづらいかな〜 と言うことで、とりあえず片方だけ接着しようと思います。画像のようにポッチがついていますので、それに合わせて付けるだけです…とっ、言いたいところでしたが、やはりこの薄さの物を注型した為、どーしても多少歪みがでてしまいます。ドライヤーで暖め、やわらかくなったとこで、ピッタリ押しつけて瞬間接着剤で接着しました。

ちなみにもう片方のヒレをはめてみますと…

やはり塗りにくそうですね。「こんな塗りにくい造形したのは誰だ〜」というわけで、まだ接着しないでおきます(^_^;)。

ここらへんで、サーフェイサーをなるべく薄めて筆塗りしました。どーもスプレー缶とかだと分厚く塗ってしまい細かいモールドが埋まっちゃうのが嫌なので、いつもこんな感じです。接合面などパテ埋めした所が、平らになって分からなくなっているか、段差や修正した所も分からなくなっているかを確認する為ですが、まだ接着してないとこだらけですね(^_^;)。後から思ったのですが、ヒレはサーフェイサーを塗らない方がいいかも！完成品を周りから眺めた時に微かにでも透けて見える場合があるなら、サーフェイサーは塗らない方が良いかもしれないと思いました。そこで…

ヒレのサーフェイサーをシンナーで拭き取りました。果たして、ペイント…どうなることやらですね〜。

いよいよペイントを始めますが、電飾の方も同時進行ですね。まずは、上の画像のようにヒレの先の方を黄色と白を混ぜた色で薄く塗ってみました。サーフェイサーを塗っていないので、光が透けるかなぁと思い試し塗りですね。背ビレ、腰ビレ、腕ビレは、まあまあ透けるようですので、あまり色を重ねないよう気をつけようと思いました。たぶんここは、気に入った色になるまで、何回もはがしながら塗っていくことになりそうです。

031

次はお決まりの光漏れ防止用の黒を顔の内側と眼球パーツに塗りました。透けやすいのはまぶた辺りだと思いますが、あまり分厚く塗ると目の合いが悪くなるので注意しながら塗ります。キット複製のわずかな歪みとかバリなどでピッタリあわない場合は、事前に削ってあたりを付けておいた方が良いですね。

次に塗料ののりを良くするため、眼球部を少しスポンジヤスリ（800番ぐらい）で磨き、眼球の白目を塗りました。ラゴンの白目って、結構黄色いんですよね～。ですから、タミヤのエナメルの白に黄色と青を少量混ぜて、エアブラシで塗りました。また、光らせてみて初めて分かるんですが、LEDの白って、色が少し青みがかっている物も混ざってるみたいですね。今回片方がそうだったので、そっち側には薄めた黄色を余分に吹いておきました。

ラゴンの電飾キット全配線です。今回もワンパターンなスイッチとかコネクターとかですが、やはりシンプルな方が良いかと思いますので(^_^;)。

次に体全体の基本色になる緑を筆で塗りました。濃緑色＋緑＋青＋ダークイエロー＋金＋フラットベース…あと何か混ぜたかも。一応つや消しにしようと思っています。後からクリアーとかでつやを出した方が良いんじゃないかとも思っています。唇は実物もムラムラなので、少し違う色を作ってムラムラっぽく塗りました。口の中は、明暗を付けるため、暗い色をシャドウ部に塗りました。上アゴののぞき穴も薄めたエナメルの黒を落とし込み、歯はリューターを使って赤を剥がしていき、レジンの地の色を出した後、歯茎に黒を混ぜた色でシャドウをつけました。これで、下アゴは接着できます。

下アゴと顔パーツは接着しましたが、後頭部と首ヒレパーツ、背ビレ片方はまだ仮付けです。何か緑と黄色のツートンカラーでハデハデですが、ここからどれだけリアルにしていけるのかな～ 。筆で塗ってますので、当然ムラムラですが、私的にはその方が好きなんです。

ヒレ部はシンナーではがし、試しながら塗っていこうと思います。緑部分はよく見ると赤っぽかったり白っぽかったりするので、他の色を塗り重ねていくつもりです。

ヒレの色が派手すぎるので、シンナーを付けた筆や綿棒ではがしながら、他の色を作って塗っていきました。映像を見ると、黄色いようで結構肌色っぽかったり、緑っぽかったりしてムラムラですね。あとヒレの芯の部分を基本色の緑で、塗り分けていきましたが、ここも実物はちゃんと塗り分けられている訳ではなくて、所々ムラムラに見えます。明らかに塗り分けられてる所だけ、塗り分けていきました。しかし、ヒレの芯で塗り分けられてると言うよりもむしろ、ヒレの根本から先にかけて緑から薄い黄色にグラデーションになってる部分の方が、目立つ感じですね。ですので、そのグラデーションをエアブラシで吹いてみました。それらの作業をした後の画像です。背ビレの片方は、頃合いを見て接着しました。

同時進行していた白目の塗料が乾いたので、ラッカー系の黒ペンを使い先を少し尖らせて黒目を入れました。映像を見るとアイライトが、ペイントされてるようなので、同じ位置にアイライトが残るよう黒目を塗りました。キットの眼球には、黒目のあたりが付いていますが、それは電飾しない場合の黒目なので、電飾仕様ではもうひとまわり大きめに黒目を入れた方が良いです。より正確な黒目の位置や大きさを入れるには、やはり顔にはめて、画像を見ながら黒目を入れた方が良いと思います。キットの黒目のあたりはあくまでもあたりですので、あしからず（^_-）。

これで後は、顔周りの接着のみですね。このあとエナメルの黒とか茶、フラットベースなどを混ぜたかなり薄めの色で、陰影を付け始めています。ここからは、さらに渋めに攻めていこうと思います。

黒目の後にエナメルのクリアーを吹き乾いてから、顔に装着しました。画像では分からないですが、後頭部も接着しポリパテで隙間を埋めました。画像は、点灯前と点灯後の画像です。やはり点灯したほうが、雰囲気良いかも。毎度のことですが、点灯していない方は、やはり黒目が大きめに感じます。この後、さらにエナメル塗料で陰影をつけていきますが、クリアーを全体に吹く前にこの半つや（?）の状態で、撮影しようと思います。その後、全体にクリアー塗装してまた写真を撮る予定です。

電飾のスイッチの画像と配線後の収納方法ですが、コネクターは上の画像のように顔側に押し込んだ方が、電池や配線が収まりやすいです。また電池BOXも配線側を下にしてはめた方がコードなどが、すっきり収まりやすいです。ペイントの方は、ヒレを何回かシンナーで剥がしながら、塗り直しました。また、間違ってシンナーを本体にたらしてしまい、色がムラムラになったのを修正しました。そういうミスも実は多々あったりします（笑）。そしてエナメル塗料で何回か全体的に溝や陰の陰影を出していきました。基本色の上にも何層か暗い色をかけてますので、だいぶ渋めな感じになってきたので、完成としました。

つや消し状態で仕上げたラゴン

つやあり状態で仕上げたラゴン

私は今回、海底原人ラゴンの完成品を作るにあたり、一番悩むだろうと思っていたのが、つやの処理です。こうやって、つや有りと比べてみると、つやがあった方がよりラゴンらしいような感じがしました。しかしこれは、好みの問題でもあるので、この画像を参考にしていただき、みなさんのお手元にあるラゴンをご自由に完成させていただければ幸いです。ヒレの透け具合ですが、期待ほどの透けようではなく、後から強い光をあてれば、なんとか透ける程度でした(^_^;)。

COLUMN コラム 私の日常 作業場編01

ここは主に原型製作用の机です。写真ではゼットンの塗装中ですが、完成品製作で使う時期はわずかです。資料のモニターを凝視しながら、石粉粘土だらけのマウスをにぎり、怪獣と格闘しております。

大きめの道具は、リューターとオーブンレンジ、ろくろ、コンプレッサー、換気扇といったところでしょうか。アレイドウルトラマンシリーズ第三弾のラゴンぐらいから、ここで原型を作り続けています。水道がすぐ隣にあるので、何かと便利ですね。

その左側にいつも写真撮影をしている机があります。この机は、彫金机といって、貴金属加工用の机なんですが、今となっては撮影用と化しています(笑)。何がいいってこの机、かなり高いのですよ。高いというのは値段もそうですが、高さ(cm)のことです。床から90cmあるので、見上げて撮ることが多い怪獣撮影には良いのです。

完成品 GALLERY
海底原人ラゴン 編

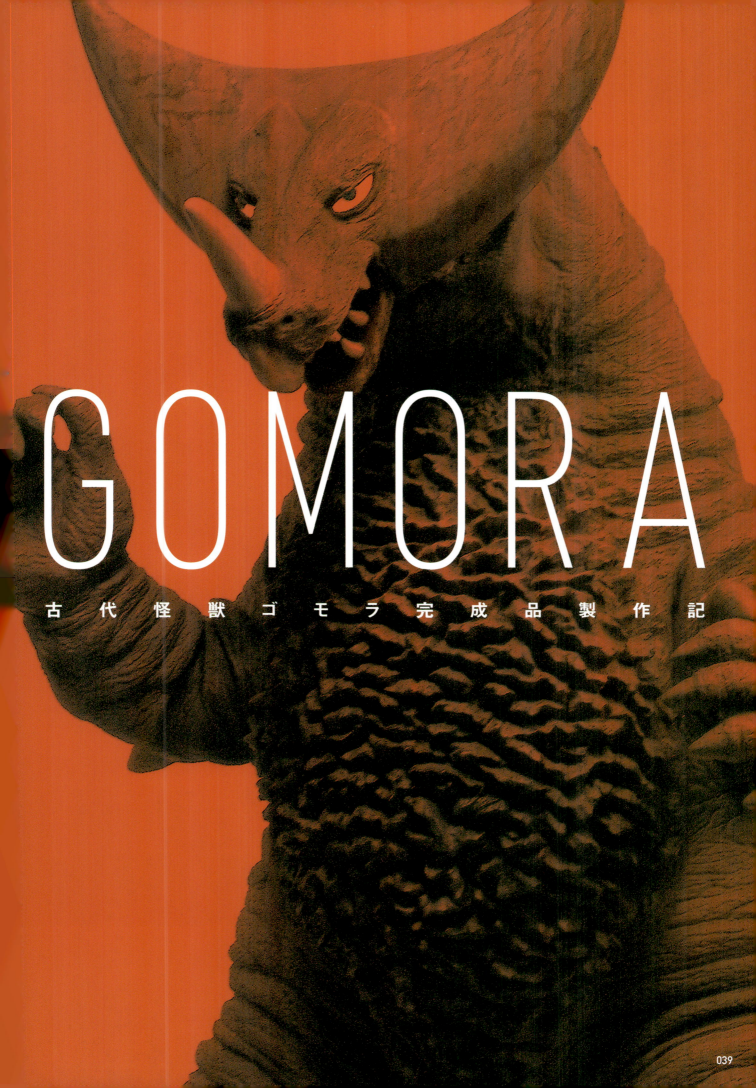

GOMORA
古代怪獣ゴモラ完成品製作記

GOMORA

古代怪獣ゴモラ 完成品製作記

古代怪獣ゴモラレジンキットの複製サンプルが上がっていますので、そろそろ完成品製作を始めたいと思います。今回は、2社に量産発注しましたので、レジンの色が少々違ってたりしますが、2社ともその成型品はとても綺麗に抜けていると思います。湯口が小さすぎて分かりづらいので、業者の方に「湯口は、もう少し大きめに残しておいてください」などと頼んでしまいました～(笑)。

心配だった尻尾と胴体の合いですが、湯口を丁寧に取れば、そこそこ合うようでとりあえずホッとしました。

修正処理前

修正処理後

お腹のヒレパーツは、少々収縮や歪みがあるようなので、ドライヤーで充分温め、少し曲げました。これは、個体差があると思いますので、どこをどうと指定出来ませんが、上の画像が処理前と処理後です。

まずはいつものように湯口をカッターやヤスリで大まかに削っていきます。次にリューター＋ダイヤ付きポイントでさらに削っていきます。この時、モールドも一緒に作っていく感じで削っていくのがいいと思います。次に私だけの作業ですが、電飾キット用の加工として、顔インナーパーツやお腹、首、スイッチ位置の穴開けを済ませます。今回は、お腹をくりぬくのが、ちと大変だったりします(汗)。洗浄は、クレンザーでゴシゴシやり中性洗剤でもう一度。充分乾いてから、2mmのシンチュウ線の打ち込みをしました。上の画像がそうです。お腹のヒレと胴体との接合面は、後からパテ埋めして、ピッタリ合わせたいので、胴体側のシンチュウ線用の穴を3mmのドリルで開け直しました。

尻尾と胴体の接合面には、シンチュウ線の打ち込みの他にスイッチ用の穴を胴体側と尻尾側に開けました。ここは、チャンドラーの時のように、尻尾を付けた時にカチッとスイッチが入ったり切れたり出来るようにしたいと思います。もちろん、手動でもOKです。

前回の段取りの悪さを思い出したので早速、ピカピカの眼球パーツを1000番ぐらいのスポンジヤスリで磨きました。

この製作記は、あくまでも初心者用といいますか、とりあえず製作している様子を見ていただき、少しでも安心してキットを製作できるようにと思ってやっています。もちろんゴモラを購入していただいた方々が対象ですが、そうでない方々でも、まるで自分が製作しているかのように思っていただけたら、これ以上うれしいことはありません。ガレージキット完成品製作の経験がまだ浅い私なので、ここで書いていることが決してベストな方法とは限りません。あくまでも参考書として見ていただければ幸いです。なのでここで紹介した方法でやってみて、上手くいかなかった場合の責任は取りかねますので、あらかじめ御了承お願い致します。また上級者の方々は、軽く受け流していただければ幸いです。ていうか、いつも購入していただいている方々は、ほとんどが上級者だと思いますが‥‥。上の画像はシンチュウ線打ち込み後で、パテ処理前の仮組状態の画像です。

こちらの3点の画像は、お腹のヒレパーツと胴体、胴体と尻尾との取り外し可能な接合面をエポキシパテを使って処理した画像です。まずお腹の接合面は、ヒレ側に離型剤（ワセリンやメンソレータムでも可）を塗りました。参考までに私が使っている離型剤は、R.C.ベルグさんの「シリコン合わせ型用ハケ塗りワセリンタイプ MR-03 MR-103（10kg）」という物です。尻尾の接合面は、胴体側に塗りました。シンチュウ線はヒレ側、尻尾側に接着してありますが、シンチュウ線にも塗っておきます。その後、充分練ったエポキシパテを細く糸状にして、お腹は胴体側、尻尾は尻尾側の接合面の周りに付けていくのですが、ここで瞬間接着剤を付けながら接着していきます。接合面の周りとシンチュウ線の穴の中だけでいいので、パテを付け終わったら、パーツをピッタリ合わせます。この時、少し強く押し付けると、パテが表にニュルニュルと出てくるぐらいが良いです。余分なパテを取ってから硬化するのを待ちます。

パテ埋めに使用したのはGSIクレオスの「Mr.造形用エポキシパテ エポパPRO-H」という高密度タイプのパテです。主剤と硬化剤を半分ずつ練り合わせて使うタイプのパテで、硬化時間は3時間と書かれています。練っていると指にベトベトくっつきますので、少し水をつけて使っています。接着部分にはちゃんとくっついて欲しいので、私は瞬間接着剤も使っています。

あっそうそう、輪ゴムで固定しておいてもいいかもです。

その間、手足の接合面も瞬間接着剤で接着し、エポキシパテで、すき間を埋めていきます。注意点としましては、脚を接着するときは必ず尻尾も付けてみて3ヵ所が上手く接地するよう調節することです。複製品なので、多少ズレがあったりしますが、私の場合は、部分的な合いよりちゃんと立って見えることを優先します。

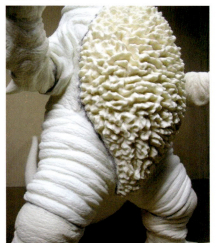

硬化後、接合面は付けたままリューターを使い表面モールドに合わせて、余分なパテを削っていきます。この後、ヒレパーツと胴体、尻尾と胴体を慎重になおかつ強引に引きはがします。離型剤が上手く効いていることを信じて（笑）。

次に眼球パーツに白を吹きました。毎度のことながら、ここは上手く塗らないとライトオンの時に綺麗にいかないので、慎重に〜。

ゴモラの電飾キットです、配線がいつもより長めですね〜。

ゴモラ本体をサーフェイサー塗装しました。私の場合は、筆塗りでなるべく薄く塗ります。これは、細かいディテールが埋まらないようにするためです。でも筆ムラはどうしても出来ますので、均一に塗りたい場合はやはり缶スプレーかエアブラシがいいですね。

頭部の内側は一応光漏れ防止用の黒を目の周りに塗りました。

眼球の方は、相変わらず塗ったりはがしたりしています。電飾させる場合のみのことですが、どうも光らせた時に白目の色むらが気になるのです。小さいホコリや気泡、凹みなどが原因で、光をあてた時にムラが発生してしまいます。ですので、今回は試しにつや消しクリアーを先に吹いてから、その後に白を吹いてみました。これはクリアーによって、表面に透明の膜をつけるためで、つや消しにしたのは、上から重ねる塗料の食い付きを良くするためです。光に透かすと、何とか大丈夫なようです。眼球はこの後、やっと黒目に入ります。

そうこうしている内に、体の基本色を作り始めました。ダークイエロー、レッドブラウン、金、赤、黄色、フラットベースなどなどいろいろ混ぜました。エアブラシ用なので、量もたくさん作っておかないとすぐ無くなってしまいます。今回は、暗すぎず明るすぎずの明度でいこうと思いました。この後、明るい色の所は、部分的に吹き分けていき、エナメルに入ってから陰影をつけていこうと思います。そしてゴモラの場合は、何と言っても「角の模様を描く」という作業がありますからね〜。

ゴモラの色は、DVD映像の中の色や、私の見ているモニターの色、また、スチール写真の色も印刷によっていろいろな色に見えますので、やはりここは私の主観的な見方で色を決めていきたいと思います。皆さんの思っている色とは違ってくるかもしれませんが、そういう場合はゴモラキットお届け後に思う存分！自分好みの色に塗ってやってくださ〜い。

次に口の中と角、爪などのペイントをしてみました。まず多少明るめの色を作り、筆塗りで各角部（3ヵ所）、手の爪、足の爪を塗りました。筆塗りだとムラが出来ますので、そのムラ効果を利用しようと思いました。次に口の中ですが、赤に白や黒などを混ぜてベースを塗りその上から何色か重ねていきました。そして、キバは一度シンナーで色をはがしてから、薄めのフラットホワイトを塗り重ねていきました。キバの色をはがすのは、塗料の厚みでキバが太く見えないようにです。ゴモラには唇があってそこは少し明るめの赤を塗りました。あと口の中の舌などの陰影を暗めの赤で塗りました。

上の画像は、口の中のペイントと角のペイント、そして角に色鉛筆で模様を下書きした所です。色鉛筆なので、消しゴムで消せますので、何回でもじっくり下書きができます。ここで気づいたのがゴモラの角の模様って映像の中でなにげに消えていってるということです。初めの頃（特に怪獣殿下が持っているモノクロ写真）の角の模様はびっしり角全体に入ってるんですが、最後の方になるとかなりの傷みや擦れのためか、赤色模様が細くなったりとぎれてたりしているようです。今回のペイントでは、その途中の感じで塗ってみようと思います。

こちらは、基本色の上から、暗めの色と明るめの色をエアブラシで吹いたところです。それらの色は、試行錯誤で塗っていきましたので、何色を使ったかは覚えていないのですが、まず灰色系でぼかしたり、明るい赤みの強い色を吹いたり、暗い渋めの色を吹いたり、ところどころ迷彩色のように吹いていきました。特にお腹のヒレ部は、その迷彩効果を強めにしてみました。また、手の爪には銀色を薄く塗りました。

画像撮るのを忘れていましたが、今回の私の失敗の教訓です。「尻尾は胴体に付けたまま色を吹くこと!」(爆)

次に黒目部分を筆塗りしました。電飾版の場合は、できればライトオンしながら、描き込んでいった方が良いと思います。少し浮き上がってる黒目の位置は、あくまでも目安なので、あしからずです。顔に眼球をはめて正確な黒目の位置や大きさを見ながら描き込んでいった方がいいです。もし黒目を塗った後に黒目の位置を調整したい時は次の画像のようにガイド(はめ込みやすくした出っ張り)を切ってしまえば、多少の位置の調整は可能です。

黒目と言っても、色は紺色で、一応虹彩を描き込みました。眼球がセットされれば、ようやく顔周辺の接着、パテ埋めなどが完了しますので、スッキリです。あと、LEDの光が明るすぎる場合は、表面の白目塗装以外に裏側の透明部分にも白を塗ることをお勧めします。光が抑えられたほうが、よりリアル感が増すと思います。角の模様は、エナメルの赤に黒や白を少々混ぜた色でペイントしました。

エナメルなので、下のラッカーを溶かさずに何回もエナメル用シンナーで拭き取り修正可能です。その後、ラッカー系のクリアーを筆塗りしました。ここは筆ムラ効果を利用しました。すべての色が溶け出すので、サッと塗っていく必要があります。胴体のペイントは、ドライブラシで明るめの色を全体にかけてから、エナメルの黒に茶色を混ぜてかなりシンナーで薄めた色をジャブジャブ塗っていき、表面をティッシュでポンポンたたくように拭いていきました。クリアーを塗った角にもこの色を汚し効果で塗りました。今回はやはり角の模様が一番時間がかかりました。あとは、ゴモラの色ですね〜とにかくいろんな資料で色が違うので、どうしようか迷いましたが、結局DVDの映像を優先し、暗めにしました。

ゴモラの思い出

ウルトラ怪獣人気ナンバーワンの怪獣の原型製作は、当然のことながら簡単に終わるような物ではありませんでした。私の家の中の問題も山積みで精神的につらい時期にゴモラの原型製作に取り掛かりました。原型製作中は、他のことはすべて忘れ、ひたすら粘土との格闘です。それが幸いしてか、私の心が折れることなく完成までたどり着くことができました。きっとゴモラから勇気や強さ、忍耐力などをもらっていたのかもしれません。

完成品製作が終わり完成品を見た時、ますます力がみなぎってきました。予約数もダントツで、さすが人気怪獣だと思いましたが、今思うにこのゴモラが私の苦難を救ってくれたことは間違いないと思います。

GOMORA

古代怪獣ゴモラ2nd. 完成品製作記

ここからは再生産版のゴモラ2nd.で初版から仕様変更された部分をピックアップして説明します。ペイントに関しては、ゴモラ初版の完成品製作記を参考にしていただければと思います。また、お腹のヒレ部は、胴体と一体なので、そのへんの製作は飛ばしています。

上の画像は、電飾加工済みの胴体パーツです。電飾キットの仕様も少し違ってたりします（単三電池→単四電池、スイッチのシンチュウ線の長さなど）が、今回、一番変わった部分は、背中にフタが出現した所ですね！

スイッチの位置がそのフタの裏側になりました、上の画像がそうです。スイッチは瞬間接着剤とエポキシパテで、可動を確認しながら、接着したほうがいいでしょう。スイッチの合わせ方についてなんですが、電飾キット購入の方のフタは穴が貫通していると思います。そこにスイッチをはめてみてください。奥まではめて手で押さえながら、スイッチのON、OFFを繰り返した時に引っかからずに作動すればOKですが、もし引っかかって戻らない場合は、スイッチを回転してはめなおしもう一度試してください。スイッチは、四角形なので四通りありますね。それでも引っかかる場合は、リューターで穴を広げます。球状で直径約4mmのダイアモンドの粉つきのポイントを使います（次の画像）。私もこれを使って、電飾加工をしています。

このポイントで、右の画像のように差し込み穴を拡げます。

表から見てこのぐらいまで削っていけば、作動するはずです。貫通すれば、完璧でしょうけど穴が目立ちすぎるので、その直前までで止めておきます。

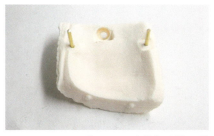

フタには、2ヵ所シンチュウ線打ち込み用の印がついていますので、そこに2mmの穴を垂直に開けます。そしてシンチュウ線を接着したのが上の画像。

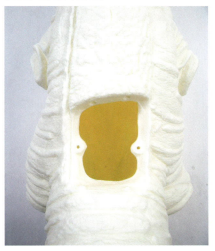

胴体側に穴あけしたのがこちらの画像。

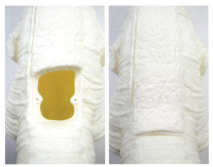

そしてはめてみたのが上の画像二枚です。だいたい合っていますが隙間が気になる場合は、エポキシパテがどちらか一方につくようにして隙間を埋めます。初版のゴモラのお腹の接合面でやった方法ですね。

次の画像は、スイッチをつけてみたところです。シンチュウ線は、スイッチを作動させやすいよう長めにしてありますが、目立つようならニッパーでカットし、ヤスリ掛けしておけばいいかと思います。

左の画像は、ゴモラ2ndの電飾キットです。

本来は塗装が終わり、目のペイントの作業が終わった後、最終段階での設置作業になると思いますが、今回はその取り付け方だけをピックアップします。電飾キットを本体に取り付ける際は、コネクターをはずし首の接合面から通す方法と背中のフタ側から通す方法がありますが、作業の段階にもよりますので、どちらがいいとは言えません。後者の場合は、針金とかをLEDに巻き付けて通せばいいと思います。

首の接合面から通す方法の場合は、次の画像のように爪楊枝をセロハンテープで固定し…

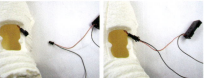

背中側に出しコネクターをつなげればいいと思います。

完成品 GALLERY
古代怪獣ゴモラ編

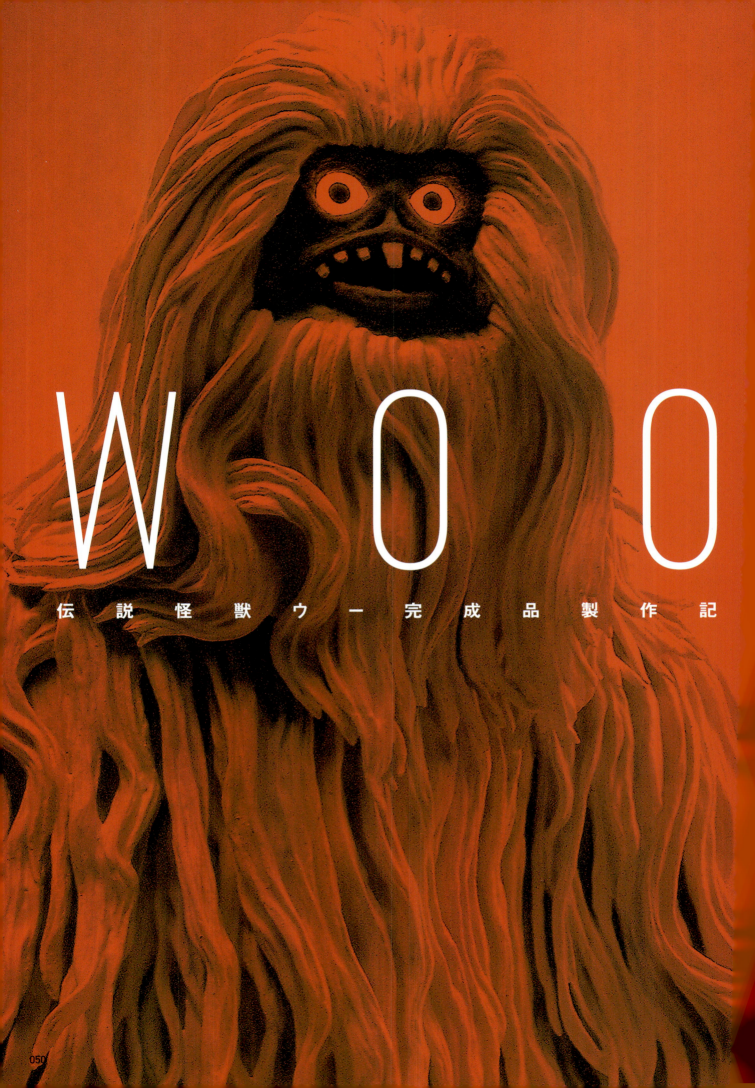
WOO
伝説怪獣ウー完成品製作記

WOO
伝説怪獣ウー 完成品製作記

さて、ワンダーフェスティバルも終わって、きりが良いところで、伝説怪獣ウーの製作記、始めたいと思います。まずは、下半身部分からです。次の画像は、抜け上がったままの状態のパーツで、まだ湯口やバリを取っていません。湯口とバリを取りながら、ついでにディテールのシェイプアップをお勧めします。

バリ取り&シェイプアップ前

バリ取り&シェイプアップ後

では、脚のもも部のパーツを例に挙げて説明したいと思います。上の2枚の画像を見くらべてみてください、バリ取り前と後では、穴になってる部分の先端部分や毛の別れ際などが、より鋭角になっていると思います。ここは成型しやすくする為、どんどん埋めていった所でもありますので、できればリューターにダイヤモンドの粉付き刃を装着し丸くなってる部分に溝を作るように彫っていけば、画像のようになると思います。毎回リューターとダイヤモンドの粉付き刃のことを書いてしまいますが、ガレージキット製作には、ホント重宝いたしますよ～。

こちらがダイヤモンドの粉付き刃です。バリ取りは、右の太めの刃、シェイプアップ用には、真ん中の細長い刃や左の尖った刃をよく使いました。

このようにして、初めの段階で、すべてのパーツの湯口取り、バリ取り&シェイプアップを終わらせるのにかなりの時間がかかるかもしれませんが、確実にその成果が、完成品のメリハリの違いにつながると思います。

その後、洗浄ですが、さすがにこの入り組んだパーツ群をクレンザーなどでゴシゴシやるのは大変ですので、市販の離型剤落としを使うのが良いかもですが、地道にクレンザーでゴシゴシやったほうが確実かもしれません。

上の画像は、腰パーツと股間の毛パーツ（表現が難しいっす）×2の接着とパテ埋めです。股間の毛パーツなど毛の小さめのパーツは、一個を除きアルファベットの記号が彫ってありますので、接着場所は分かると思います。そして股間部は、とにかく手が入りにくい場所で、特に組み立てた後は、まったく手が入らないでしょうから、今のうちにパテ埋めまでやってしまいます。

上の画像2枚は、接着しパテ埋めしたところです。パテはポリパテを使いました。手が入らないので、パテを割り箸につけて使いました。さすがにリューターも入らないので、なるべくパテ盛りをきれいにやりたかったんですがこんな感じです。

次にシンチュウ線打ち込み用の穴開けですね。キットの接合面には、あらかじめその為の印がついていますので、そこをドリルで穴開けしシンチュウ線の補強をします。だいたい直径2mmのシンチュウ線を使うので、ドリルは2.2～3.0ぐらいまで、特に片側は大きめの穴を開けておけば、後から微調整が出来ると思います。あと穴開け時にドリルの角度の違いによって接合面の付き方が傾いてしまう場合は、さらに穴を大きく開けるか、シンチュウ線を短めにするか、角度を変えて穴を開け直すかして合わせます。シンチュウ線がゆるゆるでも、接着する時に穴の中にもパテを使えば、しっかり固定出来ると思います。またマジックスカルプなどの強力なパテを使えば、シンチュウ線での補強をしなくても良いと思います。

パテ埋めまでやった腰パーツと脚パーツの接着です。接合面に付いてるシンチュウ線用の穴は、2ヵ所づつ開けます。その角度は上の画像のような角度でつけました。脚の接合面は二面になっているので、二本のシンチュウ線を平行になるように穴を開けました。

対する穴の方も平行になるよう穴開けします。片側の穴は、大きめの穴で良いと思います。シンチュウ線を付けてから、接合面のすり合わせをしました。粗めの紙ヤスリを折り、

両面ヤスリにして接合面にはさみ、押さえながら引っ張り出す感じでヤスリがけをします。この腰と脚の接合面は、上に体毛パーツが付くので、ほとんど見えなくなる場所ですが、一応パテ埋めもしますので、エポキシパテを練り始めました。そして片方に瞬間接着剤をつけてから、細長くしたエポキシパテを接合面の周りにつけていきます。そして、圧着しパテがニュルニュルと出てきたら、余分なパテを取りながら、大体の形にしていきます。多少接合面がゆるんできますので、上の画像のように輪ゴムで固定しました。また、パテが柔らかいうちに、地面と足裏がピッタリするように調整し、安定して立つように固定しておきます。ところどころ瞬間接着剤で接着しておいてもいいかもです。

股間側にはもう手が入らないので、パテが柔らかいうちになるべく綺麗にならしておきます。

パテが固まったらリューターで、表面の凹凸に合わせて削っていきます。

次に腰スカート部の組み立てです。

シンチュウ線の穴用の印が、あちこちにありますが、このパーツを腰パーツに接着してしまうと、後からペイントしづらいと思いますので、今回は腰スカートパーツ同士の接着だけにシンチュウ線を打ち込みました。上の画像のように輪ゴムで固定して瞬間接着剤で接着します。

そして腰にはめてみます。この時、毛の先などが干渉して入りにくい場合がありますが、その場合はドライヤーであたる部分を温めれば柔らかくなります。特に細い部分はフニャフニャになるので、温めすぎには気をつけてください。腰パーツとスカート部は、原型時に多めに削っておいたので、隙間が空きますが、スカートパーツ同士は、ピッタリ合うと思います。複製の歪みや縮みによる変形などもありますが、ある程度までは温めて修正可能だと思います。

次に胴体パーツの組み立てです。腰パーツとの接合面に電飾キット用のスイッチ取り付け位置の凹みがあります。すでにスイッチ用の穴は開けてありますが、ここは電飾キット以外はふさがっています。胴体パーツ同士の接合面も二面になっていますので、シンチュウ線の角度を揃える必要があります。

四本ともだいたい平行にシンチュウ線を刺してみた所です。穴あけの時に他の線を刺し二方向から見ながらチェックして穴を開けていけば、分かりやすいと思います。

その後、瞬間接着剤で接着しエポキシパテを盛り、硬化後に紙ヤスリで平らにならし、リューターで修正しました。ワンダーフェスティバルで仮組みしたキットも撮影に使っているので、あちこちシンチュウ線用の穴が開いています。

次に背中の毛パーツの組み立てです。ここは、毛パーツC、Dを接着して終わりです。毛パーツC（長い方）の下に毛パーツDが入り込む形になります。ここは、丸い穴のガイドがついているので、合わせやすいと思います。

こちらが接着後です。

腕パーツを組み立てます。画像はパーツ状態です。

小さめの毛パーツはだいたいアルファベットの記号が、接着部分とパーツのどこかに彫ってありますが、左の画像のパーツだけ、記号がありません。これは、左手の手首付近に着くパーツです。

そのパーツを接着した状態です。

手×2、毛パーツI（右）、毛パーツJ（左）と記号無しパーツを瞬間接着剤で接着します。毛パーツI（右）と毛パーツJ（左）の向きは、アルファベットの記号を隣り合わせになるように着ければOKです。手のパーツは、シンチュウ線の打ち込みをしましたので、接着は最後でも良いと思います。実はこの手の平の向きで表情が変わったりするので、全体を組み上げてポーズを見ながら手首の向きを調整したほうがいいかもです。各パーツが組みあがったらポリパテを使い隙間を埋めていきました。パテはエポキシパテでもどちらでも良いと思います。ポリパテは、硬化時間が早く、食いつきは良いのですが、あちこちについちゃったり、ベトベトで平らにならなかったりします。自分の使いやすい物を使うのが良いでしょう。

腕部分の組み立てで、ポリパテを盛った所をリューターで修正しました。

このポリパテは、黄色いので修正後は目立たなくなりますが、やはり腕の下から手が入りにくくなるので、なるべくパテ盛り時に綺麗に盛っておいた方が良いと思います。胴体に腕を接着してしまうと、まったく手が入らなくなりますので、今のうちですね。

次の画像は、胸パーツにシンチュウ線を挿したところです。ここは今回接着しないつもりですが、シンチュウ線は長めで胸側に接着した方が、良いと思います。と言うのも腰に取り付ける時にシンチュウ線が短いと外側の毛で見えづらく取り付けにくいからです。

上の画像が取り付けてみたところです。ちゃんとはまっているかどうか分かりにくいのですが、上から穴を覗き込んで見てみればだいたい分かると思います。

腕にシンチュウ線をつけた所です。ここは接合面が、凹んでたりしますが、シンチュウ線を挿す部分は平らなので、面と垂直に穴を開けます。私は胴体側の穴を大きめに開けました。胴体側は、貫通させても良いかと思います。胴体と腕の接合面はかなり広く、成型時の歪み縮み変形などで毛の部分同士があたる可能性もあるので、合わなくなるのを防ぐ為、原型時から隙間を多めにしています。毛同士があたる場合は、ドライヤーで温めてから合わせた方が良いです。この接合面も上に肩の毛パーツが着けば、目立たなくなります。

腕を仮付けしてみたところです。

背中の毛パーツを取り付け出来るようにシンチュウ線を挿したところです。このパーツも塗装しづらいので、接着はまだしないでおきます。

胴体につけてみます。とっ、ここでこのパーツの上の毛パーツのパテ埋めをしていないことに気が付きました。

腕パーツ、背中の毛パーツ、肩の毛パーツを胴体に合わせてみます。この時点で干渉する部分などがないか、チェックしておきます。干渉する部分などがある場合は、削るかドライヤーで温めて直すかして合わせておきます。

大丈夫なようなら、腕パーツを接着しパテ埋めします。一応パテが柔らかい内にもう一度、肩の毛パーツをのせて合わせたりしました。パテはエポキシパテを使い、隙間を埋めていきました。画像では分かりませんが、脇の下はパテ埋めしていません。手が入らないこともありますが、脇の下なので大丈夫かと思います。

続いて頭部パーツに入りたいと思います。そしていよいよ、電飾キットの設置も行ないたいと思います。さすがにウーは組み立てに時間が掛かりますが、ペイントは果たしてどうなんでしょうか？ ほとんど白なので、もしかしたら楽に終わるんでしょうか？ いやいや、何と言っても手が入らない所が結構あるので、筆塗り、エアブラシ兼用でも塗装が大変かもですね。果たして白の陰の部分は何色にすればいいのかな〜やっぱり黄色系かな〜今から悩みますね〜。画像は顔周辺のパーツ一式です。

電飾キットには、こちらのインナーパーツが付属します。

顔パーツに着く毛パーツGとHです。

接着しました。

次に下アゴパーツに着く毛パーツEとFです。

こちらが接着後です。これらのパーツには記号が彫られていますが、ちょっと見にくい場所に彫ってあったりします。

毛パーツ接着後の顔周辺パーツです。

次に下アゴパーツと顔パーツをシンチュウ線で接続します。ここは斜めなので、2本のシンチュウ線が平行になるようセッティングします。

顔パーツと後頭部パーツの接合面にシンチュウ線を打ち込みます。

顔パーツに後頭部毛パーツをのせる感じで合わせてみます。以上の作業の中で、もし毛と毛が干渉して上手く合わない時は、ドライヤーで温めたりして合わせておきます。毛と毛が絡み合うような場所もありますので、干渉する部分を確認しながらです。まだ仮組なので、合わせるだけで接着はしません。

こちらはウーに使用する電飾パーツです。

次にやり忘れていた腰スカート部のパテ埋めをしました。エポキシパテで、隙間を埋めていくのですが、だいたい接合面は凹んだ溝になっていますので、パテ盛りした後、ヘラや爪楊枝で、溝にして余分なパテを取っておきます。その後リューターで修正して終わりです。

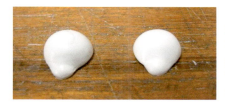

透明眼球パーツは細目〜中目のスポンジヤスリで表面を荒らしてから、スプレー缶の白を吹きました。

一応、光漏れ処理として、顔パーツにいつものグレーサーフェイサーを塗り、眼球をはめてライトオンしてみました。眼球の白目部分が均一に塗られているかどうかのチェックの為です。ここで、もし光をあててムラムラの場合は、シンナーで白を拭き取り、やり直します。ここは、電飾キットのペイントで一番神経を使う場所かもです。少しのムラなら黒目を入れれば目立たなくなりますので、光らせながらチェックします。

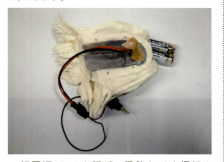

顔周辺パーツと眼球、電飾キットを仮組みするため、まず眼球を透明セロハンテープで裏から留めて、それを押さえるようにインナーパーツもセロハンテープで留めます。また、LEDはインナーパーツに差し込みガムテープで固定しました。

顔周辺パーツを仮付けしライトオンしながら、黒目を黒で入れていきました。眼球には、黒目の跡が少し段差になっていますが、これは電飾しない場合の黒目なので、これより大きめにペイントします。もちろん複数の資料などを見ながら、黒目をペイントしていきます。白がラッカー系だったので、黒はエナメル系を使えば、溶け出すことはないと思います。また眼球は仮付け状態なので、黒目ペイント後も多少の位置の調整は可能です。ただ黒目の大きさや形は、この時点で完成です。

ちなみにライトオフではこのような感じで、黒目は大きいです。

さて今回初めて使う白いサーフェイサーを塗り始めました、なんと言っても、筆が入るかどうかが心配でしたが、なんとか塗れそうです。特にパテの跡を消したいので、そこは濃いめに塗りました。

白いサーフェイサーを塗装中に光漏れ防止用の黒を目の周りとインナーパーツに塗りました。そしてさらに白いサーフェイサーを筆塗りしていきます。

口の中を終わらせておかないと、顔が組み立てられませんので、とりあえず口の中の赤を塗りました。その後に全体を一度組んでみると、バリの取り忘れや段差、小さい気泡など、またサーフェイサーの溜まった所に泡が残っていたりと修整箇所が分かりやすくなりますので、リューターで修整します。初めの段階でのシェイプアップの為に彫った溝が、サーフェイサーで埋まってしまったりとかしますので、そこも修整します。

さて、いよいよ本体の塗装です。もちろんここはエアブラシを使います。色の選択はあくまでも私の主観ですが、フラットホワイト、ダークイエロー、イエロー、金、ブラウンそしてフラットベースをたっぷりと使い影の部分の色を作り全体に塗りました。なんせ表面積があるからたくさん使うだろうと思い、ラッカーのビン5本分も作ったら、結局2本も余ってしまいました。しかし、さすがエアブラシは違いますな～ あんなに苦労していた筆塗りと違い、手の入らない奥までちゃんと塗れました～。

次にフラットホワイトを上から吹いていくのですが、凹んだ所にあまりかけたくないので、横から吹いたりしながら、なるべく凸の部分だけ塗れる様に吹いていきましたが、なかなかうまく塗れません。

エアブラシで、フラットホワイトを全体にかけた後、塗料を筆に少しだけつけて、ドライブラシの要領で塗っていきました。凸凹モールドのドライブラシとは違い、今回は毛なので、なるべく毛っぽく見えるように長めの縦線が入るように塗っていきました。そして、顔、手、足の色も取りあえずこげ茶色で、塗り分けました。ここは、毛と皮膚が接する毛の生え際なので、ややぼかし気味に塗っていきましたが、次の画像では分からないですね。ここはモールドを生かすため溝に濃い色が残るようにしようと思いました‥‥ていうか、ここだけがいつもの塗り方ですね～。

塗装の途中ですが、次に脚部と腰スカート部の接着パテ埋め処理をしました。パテが硬化する前に一応、胸パーツをつけてみました。大丈夫なようですので、今度は背中の毛パーツと腕に乗っかる肩の毛パーツの接着とパテ埋めです。

次に電飾スイッチの設置ですが、上の画像のように取り付け穴の位置は決まっているので、そこからスイッチの棒が、まっすぐに出るようにスイッチ本体部にパテを着けて固定します。一応ここもパテが柔らかいうちに、腰パーツにはめてみます。その時、くれぐれもスイッチの可動部には接着剤やパテをつけないよう、可動を確かめてから固定してください。問題なければこの接合面は接着しても良いかと思います。電池交換は、首の接合面でできます。しかし私はとりあえず接着せずに完成させる予定です。

こちらの画像は、表側のスイッチ部ですが、思ったより奥まっていてちょっとシンチュウ線が短かった為、棒等を使わないとスイッチのオン/オフができなかったので、電飾キットの方では、シンチュウ線を長めにしておきます。もし短くしたい場合は、ニッパーで切ってヤスリ処理をしておけば、良いかと思います。

LEDをインナーパーツに接着。パテ埋めしました。一応後に光が漏れないよう、パテで隠しました。そしてLEDの光が明るすぎる場合は、眼球の裏に白を塗れば良いかと思います。

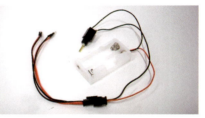

今回の電飾キットの配線は、スイッチ部の2ヵ所に接続するだけでOKです。ここからはいつも電飾キットを購入している方に連絡事項です。いつもはスイッチ側のコードは赤でしたが、今回は黒です。この後、眼球、インナーパーツの接着、パテ処理、顔周辺パーツの組み立て接着、パテ処理を完了させ、とっておいた基本色で修正し完成しました。

ウーの思い出

ウーの記憶としては、忘れもしないあの地震です。ちょうどウーの複製が、業者さんから送られてきていて、たくさんの箱でパーツごとに積み込まれていました。そのころは実家で梱包と発送をやっていて、実家は古く、地盤がいい土地とは言えませんでした。

その日は、箱からウーのパーツを出し検品しながら、ビニール詰めの作業をかみさんとして、きりのいいところで自宅に帰りました。まだパーツがぎっしり詰まった箱が、机の上にたくさんあるのが何となく嫌で、ほとんどの箱を床に置いてから帰りました。それが運命の分かれ道だと知らずに……。

そして次の日が、3月11日だったのです。地震が起こった時、私は自宅にいました。原型作りを自宅で行なっていた為です。自宅は新しい為か、震度6弱でも被害はなかったので、実家も大丈夫だろうと思っていました。ところが実家の母から電話が来て、二階（作業場）からすごい音がしていたよということです。私は急いで、車に飛び乗りました。ウーの複製品のすべてが、昨日送られてきたばかりだったのです。もしすべてのパーツがダメになってしまったら……。

実家の二階は惨憺たる状況でした。棚という棚はすべて倒れ、棚にあった怪獣達はすっ飛びバラバラ、井上ゴジラは粉々。

ではウーのパーツは？ ほとんどの箱を床に置いておいたのが良かった。机の上にあった他の箱は、床でさかさまになり中身が全部出てました。間一髪でした。今でも「もし机の上に置いたままだったら」と思うとぞっとします。

完成品 GALLERY
伝説怪獣ウー編

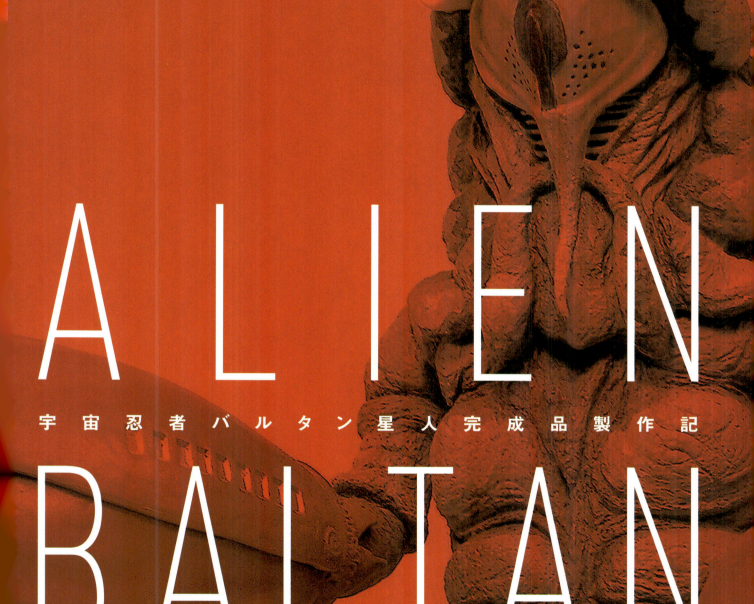

ALIEN BALTAN

宇宙忍者バルタン星人完成品製作記

ALIEN BALTAN
宇宙忍者バルタン星人 完成品製作記

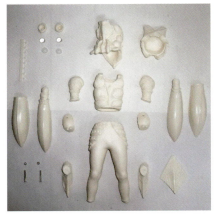

宇宙忍者バルタン星人完成品製作を始めたいと思います。パーツの分割などは、上の画像のような感じです。金属製のネジとナットが付属します。8個ぐらいある小さい丸いパーツは、そのネジを隠すパーツです。数は多めに入ってます。

まず湯口をニッパーで切り、ヤスリで削った後、パーティングラインに出来たバリや段差を表面ディテールをつなげるように意識しながらリューターのダイヤモンドの粉付き刃で削り取ります。脚のようにツルッとした所は、削り過ぎに気をつけながら紙ヤスリで面をつなげていきます。脚は、ツルッとしてるんですが、つやは無いので、あまり細かいペーパー掛けは必要ないかと思います。逆にハサミ部は、多少凸凹させてありますが、ペーパー掛けは多少細かめにしてつやを出したほうがいいかもしれません。バルタン星人の表面処理は、場所によって多彩な表情になっていて、とても味わいがあり面白いと思います。

次に目は、透明レジンの2パーツを組み合わせて一つの眼球になります。透明レジンパーツは、パーティングラインが目の周りについているので、そこのバリを綺麗に取らないとまぶたにおさまりにくくなります。まぶた部分も別パーツになっていますが、ガイドがついていて顔パーツに合わせ易くしてあります。ここは、たぶんゴムのような材質なので、つやは無い方が良いと思います。

顔パーツの一部は、型からぬけやすくする為に、薄い板状にふさがってる部分があります。ここはバリなので、カッターで取り除いてください。さて、バリ処理などが一通り終わったら、洗浄します。私の場合、粉のクレンザーをタワシにつけ少量の水でゴシゴシやります。これで表面に水をつけて水がはじかなければOKです。

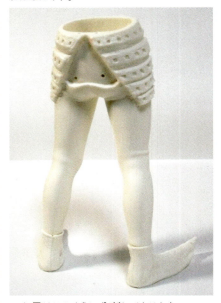

お尻はこのように分割してあります。

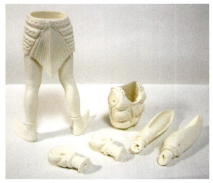

お尻には四角形の扇子のようなパーツがこのようにはまります。また、腕パーツの接合面に複数の穴が開いていますが、大きめの穴は、配線用の穴なので電飾キットのみ開いています。小さい穴は直径2mmのシンチュウ線用の穴で、キットには印が付いています。2～2.2mmのドリルで、接合面と垂直に開けてください。シンチュウ線を差し込んで2本とも平行なら、腕側に瞬着で固定します。ここは、3段階にポーズ選択可能なのですが、やはりレジン製なので、最終的には接着固定が望ましいです。

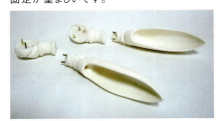

基本ポーズは、両腕を上げてハサミが開いた攻撃ポーズですので、それ以外のポーズでは多少、肩に空間が開いてしまいますが、そこは目立たないよう工夫してあります。電飾キットAの場合、ハサミの中が光るので、ハサミを閉じて下ろしているポーズだとチト変(?)かもですが、まあその辺は、購入された方が自由に楽しんでいただければ幸いです。画像の腕パーツは、すでに2mmのシンチュウ線を挿し、電飾加工の穴も開いた状態のものです。

こちらは胴体とお尻パーツにシンチュウ線を打ち込んだ画像です。

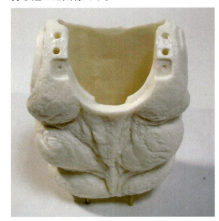

顔が2段階にポーズ選択可能になっているので、4ヵ所の胴体上部にあるシンチュウ線用の穴の説明です。肩の部分に穴が4ヵ所あり、その下に四角く凹んだ部分がありますが、ここは今回使用しません。

　上の画像2枚は、穴にシンチュウ線を差し込んで横から見た画像です。顔前傾ポーズが上で、顔上げポーズが下の画像です。なぜこの画像を使ったかと言いますと、刺さっているシンチュウ線の角度を穴開け時の参考にしていただければと思ったからです。だいたいその面と垂直に開けるのが基本ですが、どうしても誤差によりピッタリ合わなかったりしますので、どちらかの穴は大きめに開けて、後からパテで埋めつつ微調整をしたほうがいいかもしれません。穴の深さは10mmぐらいがいいと思います。この画像だと腕の穴がよくわかるので、ついでに説明いたしますと、腕の接合面にある大きな穴は、電飾加工で開けた穴でここに配線コードが通ります。その上にある穴が基準の穴で、後ろにある3個の穴がポーズ選択可能な3段階の穴です。

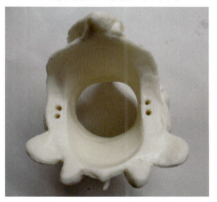

　上の画像は、顔パーツを下から見たところですが、ここも穴が4ヵ所あります。画面では下方向が前面になりますが、前傾ポーズの場合は前側の穴にシンチュウ線を刺します。顔上げポーズの時は、後ろ側の穴にシンチュウ線を刺します。

　前後の穴にシンチュウ線を刺してみたところです。穴開けの際の角度はこんな感じです。穴の深さは10mmぐらいが良いと思います。

前傾ポーズ

顔上げポーズ

　顔パーツをはめてみた画像です。そんなに大きくポーズが変えられるわけではありませんが、攻撃ポーズだと顔がかなり前傾しますので、少しですが顔を上げ気味にできるよう工夫しました。

　口（？）の部分を貫通させてみました。ここは、結構薄い部分なので、リューターがあれば、簡単に貫通させられます。本物も穴が開いている（等身大の時）ところなので、おかしくはないと思います。

電飾キットA

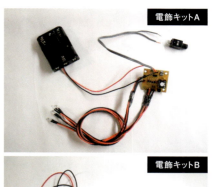

電飾キットB

　頼んでいた電飾キットAの試作サンプルが届きました。

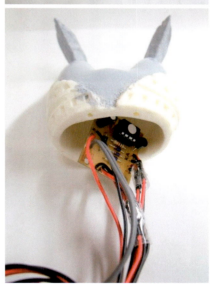

　電飾キットの製作取り付けを始めます。いつもなら電飾キットの取り付けは、後からでも大丈夫なのですが、今回は今のうちに組み込んでしまった方が良いと思います。電飾キットAは、試作サンプルなので製品とは多少異なります。画像でも分かるように、AもBもスイッチの配線を2ヵ所接続するだけで完成です。腕に通してから、接続します。胴体と脚には、上の画像のような感じで収まります。画像では、脚と足を組み立ててサーフェイサーまで塗っちゃってますが、別に後でも良いです。立つ角度や足の取り付け角度を原型画像などを参考にして組み立てます。全身を仮組みして位置決めをした方が良いかと思います。

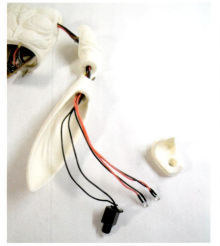

次に左腕側にLED2本と電飾キットAのスイッチ用配線を通してから、スイッチを接続します。ハンダ付けする場合は、あまり熱がスイッチに伝わり過ぎないうちにサクッとつけちゃいましょう。その後、スイッチの金具部分を画像のように曲げてください。

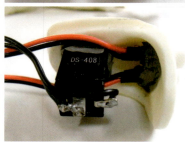

続いて手の中のインナーパーツにLEDとスイッチを取り付けます。その際の取り付け位置は、上の画像の位置が良いと思います。固定は瞬間接着剤とエポキシパテで行ないます。取り付け方は、左右どちらのインナーパーツでも同じです。念のため、インナーパーツが腕パーツにちゃんとはまるかどうか、確認しておきましょう。

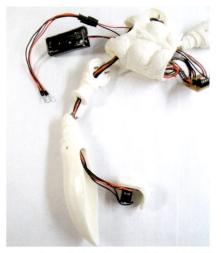

同じように右腕側も接続します。こちら側は、LED2本と電飾キットBのスイッチ用配線も通します。電飾キットAのみの場合は、LED2本だけになりますね。電飾キットBのみの場合は、スイッチ用配線だけを通して、電池ボックスも胴体に入れれば良いですね。

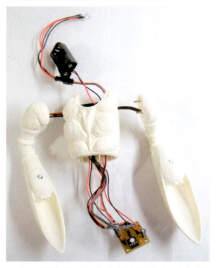

上の画像は、左右の腕を組み立てて、瞬間接着剤で接着した所です。腕の配線コードを詰めたので余りますが、それは組み立てやすくする為にコードを少し長めにしたためです。

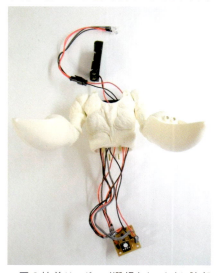

肩の接着は、ポーズ選択もありますし腕部や胴体のパテ埋めや塗装の後でも良いかと思います。

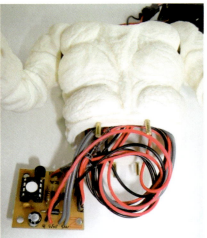

余ったコードは、上の画像のように丸めて収めるのが良いと思います。

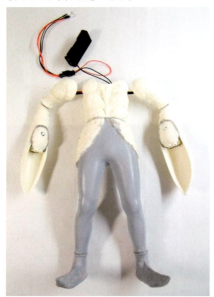

胴体パーツと脚パーツを接着し、隙間をパテ埋めしました。出ている電飾キットBの電池ボックスは、顔の中に収まります（電飾キットA＋Bの場合のみ）。

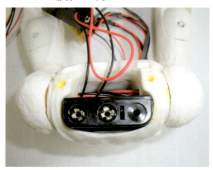

電飾キットAの電池ボックスは、丸い方を背中側に設置してください。

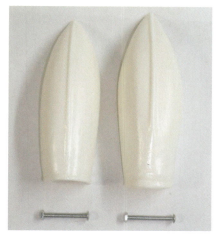

おっとっ、言い忘れてましたが、電飾キット設置の前に電池を入れて、点燈や点滅の確認をしておいた方が良いですね！

ここで、左右のハサミパーツの大きさの違いの説明です。上の画像の様に左右で大きさが違うので、ネジの長さも少し違います。よって、左右インナーパーツの大きさや下側のハサミパーツの大きさも違います。まあ合わせてみれば全然合わないので、間違えることは無いと思いますが、ハサミパーツは薄めなので複製による歪みなどで、合いづらい場合も考えられます。ネジで締めてしまえば、多少合いづらくても大丈夫です。キット状態でしばらく製作しない場合は、ネジを通してナットも絞めて保管するのがいいと思います。長年キットのまま保管していた場合に歪みや縮みでねじの穴がずれてしまっている場合は、外側のハサミパーツの縮みのせいだと思いますので、熱湯で温めて伸ばすかハサミパーツのねじ穴を開け直すかでしょうか。

追記：製品版の電飾キットが届いたので、あらためて紹介します。まずは、電飾キットBの画像です。接続はスイッチの2ヵ所だけです。必ず胴体、右腕、右腕のハサミパーツに通してから、接続してください。

次に電飾キットAの画像です。これも接続はスイッチの2ヵ所だけです。2個のLEDは一本ずつ胴体、左腕、ハサミパーツに通してからグレーのスイッチ用電線を通します。その後、くっついてる線をカッターなどで2本に分けてから接続してください。

また、完成したらほとんど見えない部分ですが、ハサミの中のインナーパーツやスイッチ部の穴は、ノーマルキットと電飾キットBの一部では、画像よりも大きめの穴になっております。それぞれの電飾加工の為、穴の場所と大きさやパーツの形状が少し異なっている部分がありますので、電飾キットA＋Bのフルキットのパーツと電飾キットBやノーマルキットのパーツを入れ替えたり混ぜたりしないようお願いします。まあ複数購入されていて、しかも電飾仕様の異なるキット同士の場合ですね。

次は眼球です。透明レジンパーツに細かめのスポンジヤスリをかけ、塗料の食いつきを良くしておきます。左がヤスリがけした方で右がしていない方です。

先にまぶたパーツにサーフェイサーを塗ります。

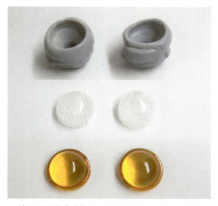

次に眼球内側パーツにクリアーオレンジ＋クリアーイエローをエアブラシで吹きました。眼球外側パーツをどうするか悩みましたが、結局、クリアーオレンジ＋クリアーイエローを内側だけに筆塗りすることにしました。眼球外側パーツの内側は、スポンジヤスリが掛けられないので、クレンザーをつけた歯ブラシで磨いてからのほうが塗料の食いつきが良いかと思います。

眼球内側パーツの裏の面は、光りすぎ防止の為、白を筆塗りました。

今度は、まぶたパーツに光漏れ防止用の黒を塗りました。筆塗りのため、塗料が溶けないようエナメルの黒を使いました。たぶん眼球の光漏れ防止用の黒は、このパーツだけで大丈夫だと思います。

ハサミパーツをネジ留めします。ネジは、プラスドライバー使用で、六角ナットが中側にはまるようになっています。外側からプラスドライバーで、締めていきながら、可動の具合を見て締めすぎず緩みすぎずの所にしておきます。

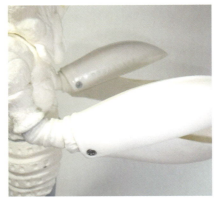

ネジの長さは、削って調整してあるので、左右の長さが違います。左の大きいハサミが長い方です。もし長くてとび出してしまう時は、ヤスリや砥石、ダイヤモンドヤスリなどで削ってください。ネジ隠し用のパーツは、何回か締めなおしなどが出来るよう余分に入っています。

ハサミが付いたら電池をセットして、いよいよ点灯テストです。電池交換は、顔パーツだけ外せば電飾キットAもBも両方できます。ハサミ上部パーツ内側には、スイッチを押すボッチがあるので、ハサミ開閉によって、上手くスイッチが入るかどうかチェックします。まず右手の開閉で、眼球がつくかどうか〜カチッ!

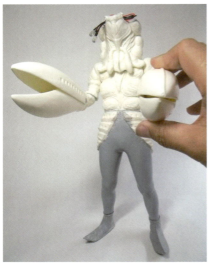

次に左手の開閉によってハサミの中が光るかどうか〜カチッ!

大丈夫なようですね。たまにスイッチが引っかかって戻らないことがありますが、その場合はインナーパーツに開いてるスイッチ用の穴を広げれば大丈夫です。

続いてサーフェイサーをいつものように薄めで筆塗りしました。バルタン星人の表面ディテールは、ペイントによって埋まっているような場所が多々あるので、その感じも表現したつもりです。

ハサミ部分の光漏れ防止用にエナメル塗料の黒を塗りました。LEDにも塗料がついてしまいましたが、綿棒にシンナーをつけて拭き取れば大丈夫です。

次にちょっとやり直したいことがあるので、まずはそれからです。眼球のペイントを上の画像の様に進めるつもりでしたが、再検討しシンナーではがし塗り直しました。何パターンか、塗り変えたり光らせたりしてその中で良いものと比較してみました。次の画像がそうです。

右が前回のペイントで、左が今回のペイントです。今回は、外側パーツをクリアーイエローのみ内側に塗り、内側パーツは、まず薄めの白をエアブラシで吹いてから、薄めのクリアーオレンジをエアブラシで吹きました。

そして光らせたのが、上の画像です。だんだん傾けていくと、光の見え方がだいぶ違ってきます。これはLEDの光が直線的な為、平面に白を塗った前回のペイントでは、横方向まで光らない為です。今回のペイントでは、内側パーツの外側に白を塗っているので、画像のように見えるんです。

この後、ライトオフ時の見え方がイマイチだったのと、ライトオン時の光が強かったので、再度シンナーではがし、上の画像の様に塗り替えました。外側パーツにはアクリルのクリアーイエロー＋クリアーオレンジを内側のみに筆塗り、内側パーツは、まず薄めの白をエアブラシで吹いてから、薄めのクリアーイエロー＋クリアーオレンジを吹きました。そして、内側パーツの裏にはさらに白を筆塗りました。

外側のパーツをかぶせた状態です。

再度光らせてみた状態です。やはり電飾って、一筋縄にはいかないですね～。とにかく光らせながら、試していかないと分からないですね。

さてペイントです。胴体の基本色を作り、ハサミ以外をエアブラシで吹きました。使った色は、ホワイト、ブラック、キャラクターブルー、シャインシルバー、エアクラフトグレー、フラットベースなどです。

次に上半身の模様をエナメルの筆塗りで塗り始めました。

上の画像は、白い所を塗ってみたところです。あとハサミにシルバーを吹きました。

上の画像2枚は、黒を混ぜたこげ茶色で、黒い模様を塗ってみたところです。エナメル塗料の筆塗りです。分かりにくい場所も多々ありますが、そのへんはそれなりに塗ります（汗）。

ついでにライトオンして光漏れなどもチェックします。

スチール写真を見ると脚の模様には、点々となってる所もあるので、筆の先で塗ってみました。あと、分かりにくい背中や後頭部の模様をそれなりに筆塗りしてみました。腕の接合面は、腕の内側や胴体の横を塗る時の為にまだ接着しないほうがいいです。しかしコードで繋がってて外せないのでチト面倒ですがしかたがないですね。いや～塗っては見たものの、まだ直したいところがたくさんあるので、直しながらペイント進めていきます。結構没頭してしまうので、写真撮り忘れたりしましたが、没頭モードでがんばりま～す。

ベースに関してですが、やはり地震多発国ですし心配ですから、ベースにシンチュウ線を打ち込み足の裏に穴を開けて差し込み、設置したほうが良いです。

最後に腕の接合面は、ポーズ選択可能ですが、最終的には接着しエポキシパテでしっかり固定が望ましいです。上の画像はパテを盛った所です。ここはポーズ選択可能にしたため、多少の隙間が空いてしまいますので、接着の際はパテを多めに盛ってください。この後、着色（こげ茶）して完了です。

次に脚とスカート部、頭部にマスキングして、明るい茶色とこげ茶をエアブラシで吹きます。マスキングをはがしてからも、色の境目をぼかす為に吹きます。忘れていましたが、ネジ隠しパーツを接着しパテ埋めしました。ネジ隠しパーツは、＋ネジにはまる方とナット側につける方の2種類があります。このパーツを接着固定すると、ハサミの開閉には支障はないのですが、ネジの締め具合の調整ができなくなりますので、注意してください。

ちょっと遊んでみました。ん～もっと影が面白い形になればいいのにな～。

完成です。どうも没頭しすぎて、途中の写真を撮らずにどんどん突き進んでしまいます。完成品製作記も進化していかないとですね。

バルタンの思い出

「目が光り、ハサミの中がフラッシュしあの声を発し、眼球は回転しながら横に平行移動する」

想像しただけで武者震いしそうですよね。

バルタン星人の原型製作中に、私はこれを実現するため動き出しました。

音声については諸事情により断念しましたが、回転ギミックに関しては、やっと見つけた業者さんの所に行って打ち合わ

せしました。「ああそれなら何とかできると思いますよ」との返事。「やった〜」思わず歓声を上げてしまいましたよ。

しかし数日後、その業者さんから連絡が入り、「できそうもないので辞退いたします」との返事。

「こうなったら、自分でギヤボックス改造して作ってやる」

私は、材料をそろえやってみましたが、撃沈。バルタン星人のキットすべてには、音声システム搭載用にスピーカーの設置場所が設けられているままです…。

完成品 GALLERY
宇宙忍者バルタン星人 編

070

073

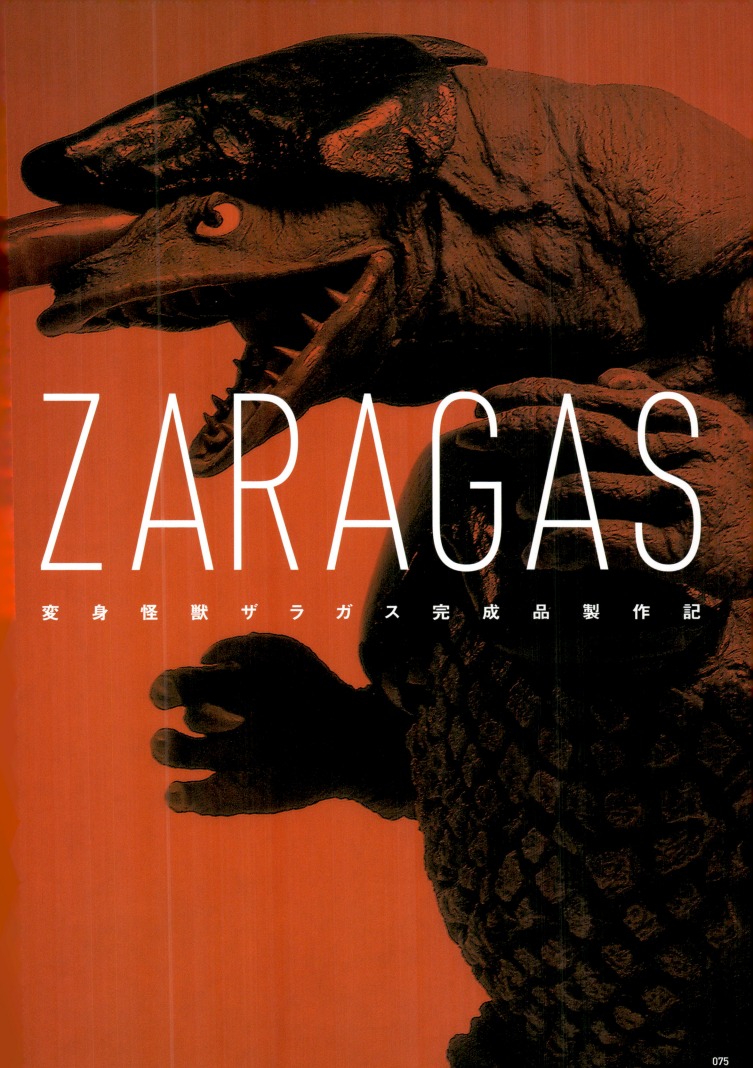

ZARAGAS
変身怪獣ザラガス完成品製作記

ZARAGAS

変身怪獣ザラガス 完成品製作記

さてさて電飾キットCの試作品を待ちながら、ぽちぽちザラガス完成品製作を始めたいと思います。画像の様にパーツサンプルが全部揃ったわけではありませんが、早まる気持ちを抑えつつ製作開始です。まずはパーツの湯口をニッパー、ナイフ、紙ヤスリなどで取っていきます。モールドのある所は、リューターにダイヤモンドの粉付き刃で削りながら、丁寧に取っていきます。気泡や凹み、深い段差があった場合は、洗浄後か組み立て中にパテ埋めすればいいと思います。今回もゴモラと同じようにレジンパーツの色は揃っていませんがあしからずです。

次に洗浄です。いつもの様に歯ブラシにアセトンを付けゴシゴシと思ったんですが、甲羅パーツ（3点）は少々ベトつくようなので、アセトンで表面をふきました。たぶんレジンが違う種類だからだと思います。その後、粉のカネヨソフトクレンザーをタワシにつけてゴシゴシやりました。お湯ですすいで水がはじかなくなるのが目安です。その後、中性洗剤の液につけておきしばらくしてからすすいで乾かして終了です。あと透明パーツは、後からペーパー掛けするの

で、洗浄しませんでした。離型剤落としは、市販品で何種類かありますので、それらを使うのも良いと思います。

次に透明パーツの湯口、バリ取りです。透明パーツはパテ埋めによる修正ができませんので、スポンジペーパーの中目〜細目を使い、削り取っていきながら綺麗に面をならしていきます。画像には、透明パーツ以外も写ってますがこのパーツも同じように処理します。さすがに電球パーツは小さいしたくさんあるしで時間が掛かってしまいますが、そういう単純作業は、ラジオや音楽でも聴きながら手を動かしていれば、知らぬ間に終わってるっていう作戦もいいかもしれません。

電飾用に内部をくりぬいた胴体と尻尾も湯口取り、バリ取り、ディテール修正などを終わらせて、洗浄します。ノーマルキットの胴体と尻尾を洗浄の際、中に水が入ると出しにくいので、水が入らないよう気を付けてください。次に接合面についてるシンチュウ線の跡に2.1mmのドリルで穴を開け2mmのシンチュウ線を刺していきます。シンチュウ線は3mmの方がより頑丈に補強できると思いますが、ココではいつも通り2mmを使用します。穴を開けている時に2方向からチェックしながら、接合面と垂直に開けるのがポイントです。また接合面に複数の線が付く場合には、線同士が平行になるように他の線を立てて見ながら序々に開けていきます。まずは胴体、脚、尻尾ですね。

シンチュウ線をどちらか側でも瞬間接着剤で接着し反対側の穴は3mm以上の穴を開けておきます。そうすることによって、取り付け位置の微調整が出来るからです。脚と尻尾の3点で接地確認をしながら、接合面のあわせ位置をチェックします。特に隙間が大きい時は、やり過ぎない程度に紙ヤスリの粗目ですり合わせします。全体のバランスを見ながら固定したいので、ひとまずこれはこのままにして、次は顔のパーツです。上の画像のように顔の下面にはまる喉パーツをはめてみると、最後まで入りませんので、顔パーツを暖め歪みを直します。

歪みの修正に私はヒートガンを使用しましたが、ドライヤーや熱湯につけるなどでも良いと思います。ヒートガンは原型製作時やワックス作業などで、とても重宝しています。レジンパーツの歪みなどは簡単に直せるのであると便利ですよ。

次に尻尾にはまるパイプ付きパーツを合わせます。このパーツは、電飾キットCの場合にだけ、取り外し可能にする場所です。電飾キットAとBの場合は、スイッチの取り付けが完了してしまえば、このパーツは接着しても大丈夫です。胴体に尻尾を接着する前にここを接着した方が良いかと思います。電飾キットBの場合は、背中がくりぬいてありますので、接着した後でも手は入りますからスイッチの取り付けが出来ないわけではないです。このパーツも微妙に歪んでいるようなので、暖めて修正します。上の3点の画像は、上から順に修正前、修正後、パーツ比較です。

さらに紙ヤスリで接合面をすり合わせます。

この後、ノーマル、電飾キットA、電飾キットBの場合は、接着しエポキシパテで隙間埋めをします。この次の工程は、電飾キットCの場合のみなので、それ以外の場合ははぶいて良いです。パイプ付きパーツの方は、胴体に近い部分2ヵ所にシンチュウ線用の穴を2.1mmのドリルで開けておきます。次にエポキシパテで尻尾側につけていくのですが、瞬間接着剤をつけながらつけていった方がいいと思います。そしてパイプ付きパーツの方に離型剤（ワセリン、メンソレータムでも可）を塗ってから、ギュッと押し付けてピッタリ合うように圧着し、はみ出たパテを取りながら綺麗にならしておきます。

パテが完全に硬化してから、はずします。そうすると、穴を開けた場所にパテが盛り上がり位置が分かるようになっていますね（上の画像）。ココにシンチュウ線を挿す予定ですが、ひとまずこのままにしておきます。

胴体に脚と尻尾をつけて見ながら、尻尾と脚の接着をしました。瞬間接着剤を流しこみ、エポキシパテで隙間を埋めていきます。

電飾キットC以外の場合は、この時点で尻尾のパイプ付きパーツも接着されていることになりますので、早めにスイッチの取り付けをやっておきます。3個あるボタンのようなパーツは、スイッチが嵌るよう穴が開いていますので瞬間接着剤で接着します。この時、傾いて付けたりすると後でボタンが引っかかって作動不良をおこしますので、まっすぐ付けてください。ノーマルキットや電飾キットAとBの場合は、3個全部付けるわけではないので、スイッチを付けないボタンは、そのまま、パーツに接着してください。そして、尻尾のパイプ付きパーツの穴に嵌めるのですが、気を付けなければならないのは、スイッチ接着後にスイッチが、引っかからずにちゃんと作動するかということです。スイッチの可動部分はクルクル回りますので、回しても引っかからずにちゃんと作動するかを確認してから、接着、固定してパテで補強します。もし引っかかるようなら、その部分を紙ヤスリで削ってください。

画像は電飾キットA＋Bの場合なので、スイッチは2個付けます。尻尾に接着した後、配線ができるように電線をハンダ付けしておきます。一応、電線は、キットに余分に入っています。

追記です。上の画像のように、スイッチを先に接着した方が、いいかもしれません。これならスイッチの可動部分（白い部品）が穴の真ん中にあるのが確認できますから、曲がって付けることはないですね。電飾キットCの場合は、このスイッチが3個並ぶので、スイッチ同士が当たって曲がった状態のまま付けたりしないよう気を付けてください。

次は電飾キットCの場合の加工です。保留になっていた尻尾のパイプ付きパーツにシンチュウ線を付けようと思います。しかし右側にはシンチュウ線はいらないと思いました。なぜなら胴体との兼ね合いで上手くはまるように出来そうだからです。左側にだけ、短めのシンチュウ線を付ければいいと思います。また、シンチュウ線の先は丸めておくとはめやすくなります。

リューターに砥石の刃を付けて削ります。

はめ方としては、上の3枚の画像のように右側をだいたい合わせてから、序々に押しながら左のシンチュウ線をはめる感じです。

次に腕にもシンチュウ線を挿して合わせてみますと、ちょっと後ろに隙間が開くようです。ここは背中のパイプ付きパーツが付く場所ですので、パーツを合わせながら、パテ埋めした方が良さそうですがひとまずこのままにしておきます。ほとんどの接合面は、シワの溝にあたる部分が多いので、パテ埋めした時その溝を埋めすぎないほうが良いかと思います。

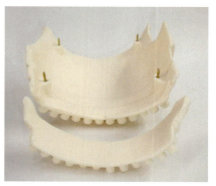

背中のパイプ付きパーツを胴体に合わせます。まずシンチュウ線用の穴を開けます。シンチュウ線を挿して合わせようとした時、シンチュウ線の位置がずれている場合は、背中のパイプ付きパーツが歪んでいることになりますので、ヒートガンや熱湯で温めて背中のパーツを柔らかくし修正します。注意点としては、パイプ部を温めすぎるとフニャフニャに変形しそうなので、なるべく裏側を重点的に熱します。

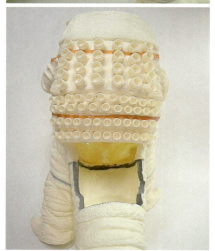

充分温めると柔らかくなりますが、熱いので手袋をするか布をあてがい変形を直します。柔らかいので、合わなかったシンチュウ線もすんなり合わせられるようになります。このパーツ、着ぐるみでは、右側は隙間が開いていて、左側はくっついているようですので、左側は充分温めてから胴体に密着させます。この時、保留になっていた腕の接合面の接着とパテ埋めも同時に行ないます。そして輪ゴムで固定しながら冷まします。

　次は中間のパイプ付きパーツのすり合わせです。ここも温めて歪みを直しながら合わせます。このパーツは、温め過ぎるとフニャフニャになりますので、温め過ぎないよう注意しながら序々に合わせていきます。胴体と背中のパイプ付きパーツ、尻尾のパイプ付きパーツなどをはめてからこのパーツの修正をしたほうが歪みが分かりやすいです。

　下から見ると一番目の画像の様に歪んでいましたので、修正します。電飾キットCの場合、このパーツの裏にLEDの電線コードがビッシリ付きますので、少し余裕が合った方がいいです。

　このパーツはペイントの際、塗りにくくなりそうなので、接着は後回しにして、背中のパイプ付きパーツのパテ修正を行ないます。このパーツの場合は、胴体側に離型剤（ワセリン、メンソレータム他）を塗り、パーツ側に瞬間接着剤をつけながら、エポキシパテをつけていきます。左腕の後ろ側は、前回腕に合わせながらパテ埋めしてありますので、今回はパテ埋めしません。パテ修正していない左側横腹部と上面は、パテ埋めしピッタリ合わせますが、右側の隙間は埋めません。そして、パテをパーツに充分なじませてから、胴体にはめ、圧着します。パテが少しニュルニュルとはみ出てくるくらいが丁度いいです。はみ出したパテは取り除き表面をならします。そしてパテが固まった後、リューターでモールドをつなげるように彫っていきます。

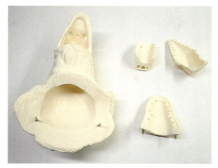

　次は顔周辺パーツのすり合わせと組み立てです。下アゴパーツは、二種類ありますので、差し替えが出来るようにします。まず首部に2ヵ所ある穴にシンチュウ線用の穴を開け、シンチュウ線を挿したら胴体側の穴も開けておきます。

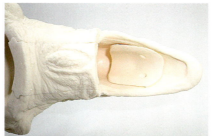

　インナーパーツは、電飾しない場合は必要ないかもれません。眼球は左右が合うかどうかチェックしてください。目にバリなどがあると眼球が合わなかったりして、表情が変わってしまうかもしれないので表面処理をしっかり行なってください。上アゴパーツはかなり薄いので、温めて合わせる時は注意してください。

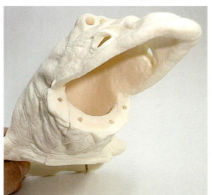

　次に下アゴパーツにシンチュウ線用の穴を開けます。ここは4つの穴がありますが、これは2種類の下アゴにそれぞれ2つの穴が対応するようになっています。

　まず開き口用の下アゴには、内側の2つの穴を使います。シンチュウ線は、下アゴ側の接合面に垂直に挿して接着します。顔側の穴は、大きめに開けておいて、微調整できるようにしておいてから、エポキシパテを穴の中に押し込んでシンチュウ線には離型剤を塗り、パテが固まるまで固定しておきます。注意点は、顔の下の喉パーツをまだ接着していないので、ズレないように注意してください。電飾キットでない場合は、喉パーツも接着してください。

付けるとこんな感じです。

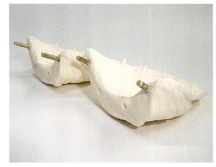

　さて、閉じ口の下アゴパーツについてですが、シンチュウ線の角度を変えることによって、ほぼピッタリ閉じた口と、少しだけ開いた口が再現できます。原型製作時は少し開いた口で製作していましたので、そのまま付けると少し開いた口になります。しっかり閉じさせたい場合は、シンチュウ線の角度を変えます。上の画像は、同じ閉じ口のパーツですが、シンチュウ線の角度が違います。手前が、ピッタリ閉じる付け方で、奥のが少し開けた口の方です。接合面に対して垂直になっていませんが、垂直に付けた場合はもっと口が開きます。要するにシンチュウ線の角度の調節で、多少の口の開閉が楽しめるということです。

それなりの表情があるので、どちらも捨てがたいですが、私の原型製作時には、少し開きぎみの方で造形していましたので、今回も少し開きぎみの位置で固定しようと思います。裏技的に両方楽しみたい場合でも取りあえずこの位置で固定しておきます。

下から見ると、口の開き方によって、隙間が開きますので、どの開き方がいいか決めたら、ココはパテ埋めして、しっかり差し替えが出来るようにします。

まずは開けた口の下アゴパーツからです。パーツ側に瞬間接着剤を付けながらパテを付けていきました。そして、顔側に離型剤を塗り、圧着してはみ出したパテを取り除いてならしました。

パテが固まってから、外しますが、離型剤をちゃんと塗ってないと、取れなくなってしまいますので、気を付けてください。

このパーツは、シンチュウ線が長すぎると入りにくくなりますので、上の画像ぐらいの長さがオススメです。

まず、シンチュウ線を合わせてから…

回すようにはめます。

次に閉じ口のパテ埋めをします。同じようにパーツ側に瞬間接着剤を付けながらパテを付けていき、顔側に離型剤を塗り、圧着してはみ出したパテを取り除いてから、ならしておきます。裏技（後述）を使う場合は、シンチュウ線は接着しないでください。

輪ゴムで固定してパテの硬化を待ちます。
さて裏技というのは、この後、使っていない内側の2つの穴にシンチュウ線を付け替えて、完全な閉じ口になるようシンチュウ線の角度を調整した穴を下アゴパーツ側に開けておくというものです。アゴの下に多少の隙間が出来ますが、アゴの下は見えにくいので、たいして気にならないと思います。

電飾キットAとBを取り付けるタイミングを考えていたら、首部の穴はもっと大きい穴じゃないと作業がやりづらい事に気が付きました。この穴を…

これくらい大きく開けておけば、

電飾キットもインナーパーツも通るので、作業しやすくなりますね。まあ原型製作時に予想して付けておいた線の通りなんですが…。電飾加工では、ここもくりぬいておきますね（汗）。

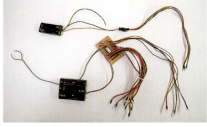

上の画像は電飾キットAとBです。それぞれにスイッチがつきます。余談ですが、この電飾キットBは試作品なので製品版は、見た目がもっと綺麗です。

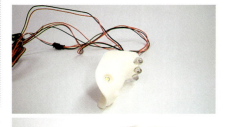

顔のインナーパーツにLEDを付けてみるとこんな感じです。

次は甲羅パーツを合わせてみようと思います。内側にはパイプパーツにはまるよう穴が開いています。

まず背中のパーツを合わせてみました。

だいたい合っていますが、念の為、温めて輪ゴムで固定します。あまり強く押し付けると、中のパイプパーツがつぶれたり凹んだりしますので注意してください。

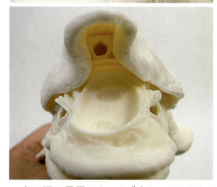

次に頭の甲羅です。まず合わせてみますとこんな感じです。このパーツの場合は、額の3つの穴のうち、両端の2つの穴にはまるようになっていますので、前から後ろにスライドさせてはめてください。

これも念のため温めて輪ゴムで固定します。

続いて胸の甲羅パーツです。下から見ると隙間がありますが…

温めて輪ゴムでとめるとこんな感じになります。

結局こうなりました。なんかイタイタしいですね～（笑）。注意点としては、特に頭と胸の甲羅パーツは、ドライヤーでもすぐに柔らかくなります。かなり薄いところもありますので、温め過ぎて凹んだり、輪ゴムが強すぎて輪ゴムの跡がついたりする可能性があるので、気を付けてください。

ここでサーフェイサーを塗ろうと思います。その前に念の為、メタルプライマーを薄めて筆塗りしました。特に甲羅パーツが擦れてペイントがはがれそうな所とかですね。その後サーフェイサーをシンナーで薄めて筆塗りしていきました。ムラがありますが、気にしないで塗ります。パテ埋めした所やモールド修正したところが、それなりになっているかどうかのチェックと気泡やバリの取り残しチェックもします。

次に光漏れ防止用の黒をエアブラシで吹きました。今回はさすがに電飾フル装備なので、念の為、あちこち塗りました。

胴体は中まで真っ黒状態です。ココまで塗らなくてもいいと思いますが、ついつい塗ってしまいました（笑）。面が大きいので、塗料があっという間になくなります。

しかしパイプの中は、エアブラシだと塗料がまわりにくいので後から綿棒で塗りました。って言うことは、パイプの中の赤色も綿棒でエナメルの赤を塗ればいけるかな〜。

おっと、甲羅パーツがあるのを忘れていました。

さて、いよいよ着色です。いつも言い訳がましく言ってしまいますが、ペイントは私の主観的着色になってしまいますので、参考程度に見ていただければ幸いです。まず基本になる色を3種類作りました。一番やりたかった基本色は、赤茶色です。もう手当たり次第に色を混ぜていたので、ちゃんと覚えていません。前に作っておいた色も混ぜたりしてるし、使った色はブラウン、キャラクターレッド、ダークイエロー、レッドブラウン、ダークアース、ゴールド、フラットベース、などです。その上に他に作った色を重ねていく予定です。まず1色目。

これだけ塗るのにかなりの量のラッカーを使いました。ラッカー買ってこないとな〜い！こんな時、近くに模型屋があって良かったと思います。塗りだしてから思ったんですが、光漏れ防止用の黒をこれだけの面積に塗るのなら、もっと全体的に塗っておいた方が良かったな〜などと、今さら（汗）。ラッカー塗料のエアブラシ塗装なので、すぐ乾きます。そして2色目と3色目を所々まだらに塗っていきます。気をつけなければいけないのは、差し替え用の下アゴも同じように塗っておかないと、色が合わなくなります。

「ちょっと赤茶色が隠れすぎかな〜この上から赤系をまた塗ればいいか」ひとり言です。次にお腹の塗装ですが、明るめの色を作ってドライブラシ風に塗っていきました。

　次に角のペイントです。角の固定は、厚めのダンボールに両面テープを貼り、角の接合面を押し付けると凹みながら着きます。あの半透明感をどうしたものか考えながら、取りあえずクリアーイエロー、クリアーレッド、クリアーオレンジを混ぜて塗ってみました。しかし実物はもっと濁っていて、こんなに透き通ってはいません。

　ですので、シンナーで拭き取ってから、違う色をエアブラシで吹きました。色は、クリアーイエロー、クリアーレッド、クリアーオレンジ、クリアーブルー、白、黒などなど。透けるか透けないかぐらいで、こんな感じで良いかと思います。後は、この上にエナメル塗料であの模様を描くわけです。エナメルなので、失敗しても塗り直しができます。

　眼球はGSIクレオスのスプレー缶（キャラクターホワイト）を一回だけ塗りました。この後の黒目はエナメル塗料です。もし電飾が明るすぎる時は、眼球の裏面にも白を塗りましょう。

　次は体のペイントに戻って、気になっていた赤系の茶色を作り、所々エアブラシで吹いていきました。あと黒とミッドナイトブルーなどで、暗い色を作り、黒っぽい所に吹いていきました。

　次に口の中にラッカーの赤を筆塗りしました。そして、赤に白と黒とフラットベースを混ぜ、明暗を描きこんでいきます。

　この色は、唇の色にもなりますので、唇まで塗ります。ついでに顔パーツに合わせながら、唇の色を筆塗りします。

　次に爪を塗ってから、全体的にエナメルで影をつけていきました。爪は取っておいた胴体色にシルバーと白などを混ぜ、ぼかしながら筆塗りしました。エナメルの影色は、いつも定番の色で、黒に茶色などを混ぜたつや消しの色です。その色をシンナーでかなり薄めてジャブジャブ塗り、軽く拭き取っていく方法です。でもまだ足りないのでまた塗る予定です。

　次に甲羅パーツのペイントです。黒にシルバーなどを混ぜつや消しで塗ってみました。

薄すぎなので、タミヤのスプレー缶のセミグロスブラックを塗ってみましたが、かなり光沢が強いので、表面を軽く台所用のスポンジタワシで擦ったりしてみましたが、もっとすれて剥げた感じにならないか思案中です。

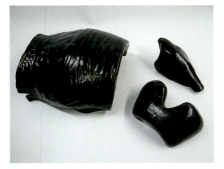

結局この後、コンパウンドで磨いて仕上げました。

次にいよいよ背中のパイプの色分けです。色は、エナメル塗料のシルバー、白、金などです。ココはもうひたすら筆塗りですね～。関係ないけど『俺たちの旅』のテーマソングなどを口ずさみながら、ひたすら筆塗りしました。はみ出た所は取っておいた胴体色で修正しました。

次に中をエナメルの赤と黄色を混ぜた色で筆塗りしました。やはり下地が黒と茶なので、なかなか赤くなってくれないので、2～3回塗りました。

さて胸のパイプも同じように塗り、体の方はまたエナメルの影色を重ねていきました。次第に黒っぽくなってきました。

続いては角のペイントです。すでに下地の色はラッカーでペイントしてありますので、今回はエナメル塗料で、模様を筆塗りしていきました。ここばっかりは、資料とニラメッコの時間ですね。水彩画のようにぼかしながら模様を塗りたかったんですが、なかなか上手くいかないもんです。でもエナメルシンナーで修正しながら塗れば、次第に自分のイメージに近くなってきます。修正修正で終わりがない作業ですが、どこかで終わらせた後、角全体にクリアーを塗ります。使ったのは水性のトップコート（半光沢）です。かなり厚めに塗り完全に乾いてからコンパウンドで磨きました。その後また同じトップコートを塗りコンパウンドで磨いたら完成。頭部に接着します。

次は眼球のペイントです。ここもラッカースプレーでペイントしてありましたが、LEDの光が強いのでもう一度キャラクターホワイトをスプレーしました。それでもまだ明るいので、裏面にも一回スプレーしました。結局3重に白を塗ったことになります。その色が完全に乾いてから、エナメルの黒と赤と茶を混ぜた少し明るめの色で黒目を筆塗りしていきました。顔にはめてセロテープでとめてから資料とニラメッコの時間の始まりです。毎回同じなんですが、浮き彫りになっている黒目は、電飾しない場合の黒目の大きさです。電飾する場合は、もっと大きくないと実物通りに見えません。ていうか電飾すると白目部分全体が大きく見えるので、目自体の大きさも大きく見えるようになります。エナメル塗料なので、修正しながら明るめの黒目を入れていきます。どうもザラガスの黒目は正円ではないようです。少し縦長の楕円みたいです。それが乾いてから次に真ん中の真っ黒部分を入れて乾いた後、虹彩のスジも入れていきました。このあたりの作業は一番細い面相筆を使います。電飾キットの場合は、出来れば目を光らせながら、黒目を入れていくことをお勧めします。黒目部分が終わったら、白目部分に薄く赤味を入れ、最後に水性トップコート（光沢）を吹いて終わりです。さて次はいよいよ電飾キットの設置作業に移りたいと思います。

電飾キットCを使って、穴にLEDを挿した後、電球クリアパーツを直接LEDに瞬間接着剤で付けていきます。この辺は電球が奥まってて見えにくい部分なので、なるべく薄い電球パーツを使います。電飾キットCは、LEDの数が多いので出来るだけコードが絡まらないように上から順番に付けていった方がいいです。そして電球パーツを接着しながら徐々に設置していくのがいいと思います。詳しくは、製品版の電飾キットCが上がってから追記します。

さて上の画像はある程度、電球パーツをつけた後、クリアーレッドを筆塗りしていった所です。この後LEDごと引っ張って奥まで引っ込めれば完了です。下の画像はすべて設置し終わった所です電球が奥まった場所と出っ張った場所があるようなので、出っ張ったところは長めの電球パーツを使います。

胸に付く電飾キットBも同じように設置していきます。LEDを付けながら、電球パーツを瞬間接着剤で接着していき、その後電球パーツにクリアーレッドを塗っていきます。この時、LEDの設置場所を間違えないようインストをよく確認してください。

上の画像は電飾キットBとAを胴体の中に納めてテープで固定したところです。電飾キットCが入るので、なるべく上に固定します。

さてここまできたらあとは顔の組み立てで完成です。残りの電飾については製品版の電飾キットが届いてから改めて解説します。

電飾キットAで、顔のインナーパーツに設置するLEDの付け方です。目のLEDは、上の画像の様になるべく寝かせる感じで、インナーパーツに付けた方が後から上アゴパーツが当たらず付けやすいです。

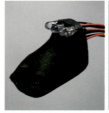 

電飾キットBの5mmのLED3個は、顔パーツに合わせてみれば分かりますが、なるべく飛び出させて付けたほうが良いと思います。瞬間接着剤で固定してから、LEDの後にエポキシパテを詰め込み固定します。

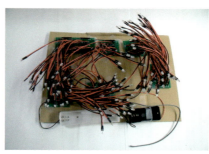

ようやく製品版電飾キットCが届きましたので、取り付け方を解説します。上の画像が電飾キットCです。試作品よりも二回りは縮小しましたので、かなり納まり易くなっています。まずちゃんと光るかどうかテストしてみてください。電池をセットして、グレーのスイッチ用コードをむいて繋げれば光ります。LEDの明るさは安全のため一段階暗くしてありますが個人差もありますので、ま近でLEDを直視しないように注意してください。

上の画像のように5枚のLED接続ボードには「GROUP 1」とか、「GROUP 2」などと印刷されていますが、これがインストの配置図の番号になります。グループ1のLEDは、すべてインストの配置図の①の所に付けていくことになります。他にも印刷されている番号がありますが、それは見なくてもいいと思います。取り付けていく時は裏からなので、配置を間違えないよう確認しながら付けていきます。

では順にLEDを設置していきましょう。背中のパイプ付きパーツの上から順にLEDを付けていきます。電飾キットCのインストにも書いてありますが、LED接続ボードの端のLEDから、付けていけば絡み合いにくくなると思います。

上の画像は、背中のパイプ付きパーツにすべてのLEDを取り付けたところです。

このあたりで、設置済みのスイッチに配線をつなげておきます。ハンダ付けはあまりスイッチを熱し過ぎないようにサクッと付けてください。スイッチの金具は、曲げた方が納まりやすいかと思います。

次に尻尾のパイプ付きパーツにも残りのLEDを付けていきます。

前の方でLEDに接着する電球パーツの付け方を説明していますので、ここでは省略しますが、電球パーツはLEDを付けながら接着していってもいいと思います。また、各ボードはガムテープでまとめていきます。どのボードがどこに来る等は決まってませんが、画像のように自然に囲みやすいボード4枚で囲み、小さめのボード二枚が上の面に来るのがいいかと思います。この時、無理矢理押さえすぎないようにして、ボードについてる電子パーツが曲がったりしないよう気を付けてください。徐々に押さえていく感じがいいと思います。

次にめちゃ多い電線をゆっくり押さえながらまとめ、できるだけ背中のパイプ付きパーツに密着するよう輪ゴムで押さえます。このまま一日ぐらい置いておけば、電線がその形になじみます。電線の弾力でキット本体にはまりにくい場合は、他の電飾キットAやBの電池やボードが当たらないよう位置を変えたり、背中のパイプ付きパーツのシンチュウ線がもっときつくはまるようパテなどで修正したりしてみるのもあります。ここまで作業を進めた方なら分かると思いますが、はじめは「電線短かめで付けにくいな〜」と思ったかもしれません、しかしLEDを付け終わってこの段階にきた時、「かさばる電線だな〜もっと短ければいいのに〜」と（笑）。

さていよいよ、本体に取り付けます。まず電池をセットしてから尻尾の中に収納します。

続いて尻尾のパイプ付きパーツから順に背中のパーツをはめていきます。無事はまったら、電飾スイッチオンでテストします。問題無ければこれで電飾キットCの設置は完了です。

補足です。歯は赤のままです、確か本編でも後半はそうでしたので…。角はコンパウンドで磨きました。

ザラガスの思い出

　私が今まで製作してきた怪獣の中で、最もスリリングで思い出深いのがこのザラガスです。この電飾キットCを思い付き、それが実現するまで「本当にできるのか？」これだけの時間と費用をついやしていて、しかも公に公表もしてしまってる以上、後には引けないし、ブログでは、「ザラガス電飾キットC製品化への道」などという記事まで連載してしまってましたし…………。

　結果として無事、製品化できて皆さまのもとに無事送り届けることができて本当に良かった。その後時間が経ってからも、凄腕フィニッシャーのkazさんが記事にしてくれた時に電飾キットCの注文がまとめて来たり（今でもたまに来ます）。

　きっと、ザラガスの原型を作っていた時から、やるのが当たり前だと思い込んでいたから出来たんだと思います。もっと簡単な道はいくらでもありましたが、難しい方の道を選んで良かったという良い教訓をこのザラガス君が教えてくれました。

完成品 GALLERY
変身怪獣ザラガス編

KERONIA

吸血植物ケロニア完成品製作記

KERONIA

吸血植物ケロニア 完成品製作記

ケロニアのサンプルが上がってきましたので、そろそろ完成品製作記を始めたいと思います。まずは湯口取りやバリ取り、パーテングラインの修正など今のうちにやってしまいます。モールドのある所は、リューターにダイヤモンドの粉付き刃で削りながら、モールドを繋げる感じで彫っていきます。気泡やへこみ、深い段差があった場合は、洗浄後か組み立て中にパテ埋めすればいいかと思います。

次に洗浄です。今回は粉のカネヨホーミングクレンザーを使いゴシゴシと始めました。水がはじかなくなるのを確認しながら、たりない所はクレンザーをたっぷり付けて歯ブラシで集中的にゴシゴシやれば、はじかなくなります。

ダイソーで買ったブラシが重宝しています。このブラシが結構良い感じで、モールドの深い所まで入り全体的にゴシゴシ出来ます。

さて洗浄が終わりパーツが乾いたら、組み立て開始です。まずは腕の接合面にシンチュウ線を2ヵ所打ち込み接着パテ埋めしました。接合面は溝になっている部分が多いので、パテ埋めは程々にしておきます。

画像では分からないかと思いますが、葉パーツが付く所には、数字が彫ってあります。ここに同じ数字の葉パーツを接着します。葉パーツは薄いので、歪みや変形により合いにくくなっている場合がありますので、ドライヤーで強めに暖めて柔らかいうちに本体にあわせながら接着していきます。湯口が邪魔で本体にはまらない場合がありますので、湯口やバリは丁寧に取っておいてください。接着は瞬間接着剤を丸いダボ穴に付けて本体になじませるようにしていきましょう。葉っぱは今回の造形の要でもあるので、隙間が開きすぎず閉じすぎずと言う感じで付けていってください。

次に顔周辺の組み立てといきたいところですが、ココは眼球や電飾キットの関係で、まだ組み立てられません。ですので、いつものように薄めにサーフェイサーを塗りました。

顔周辺パーツに光漏れ防止用の黒を塗りました。これをやっておかないとまぶたなどから光が透けてしまいます。

顔パーツの組み立てです。上の画像のように首周りのパーツを先に接着します。このパーツも多少の歪みなどで合いにくくなっている場合がありますので、接合面をすり合わせたりしながら調整します。ここはシンチュウ線打ち込み用の印も付いていますが、ダボ穴もついていますのでシンチュウ線無しでもいいかと思います。胴体と合わさる場所なので、できれば胴体との兼ね合いも見ておいた方がいいかもしれません。

　もちろん顔も合わせてみてちゃんと合うかどうか見ておきます。ここの調整でケロニアの口の開き具合が調整できたりしますが、基本的には少し開いた閉じ口状態なので、そんなに変わらないと思います。上の画像では頬の葉パーツも付けてあります。

　胴体との接合面にもダボ穴がついてますが、ピッタリ合わない場合は、多少すり合わせをして干渉している場所を削ったりします。胴体と下アゴパーツとの接合面にはシンチュウ線用の印が2ヵ所ありますので、電飾キットの場合はここを取り外し可能状態にしておく必要があるため、シンチュウ線を設置しました。

全身のパーツを組み上げた状態です。葉っぱパーツの取り付けの参考にしてください。

　さて今回の電飾キットはこれで全部です。前回のザラガスが異常な量だったのでなんか寂しい感じですが、これが普通なんですよね〜。

　眼球はいつも通り細目のスポンジヤスリで磨いた後、スプレー缶のキャラクターホワイトを二度塗りし裏にも一回吹きました。LEDは明るいのでこれだけ吹いても十分光ります。

　それでは本体のペイントに入ります。いつものように私の感じた色で塗りますのでしからずです。しかしケロニアの色は難しいかも〜。毎回言えることなんですが、スチール写真と映像でだいぶ色の違いがあります。やはり映像中の色で考えると緑色系だと思いますので、とりあえず基本色は緑系にしました。まずラッカー塗料で基本色を作りました。色はグリーン、濃緑色、キャラクターブルー、イエロー、金、フラットベースなどでしたが、実はラゴンの時に作ってあった色があったので、それも混ぜました。少し青っぽい色と緑っぽい色の2種類を作りエアブラシで吹きました。

はがしながら
薄めた茶色系の
色を所々に置い
ていきました。

均一な基本色はあくまでもベースでしかないので、ここから何を血迷ったか、シンナーと筆を使い部分的に塗料をはがし始めました。

資料を見ると葉っぱの色はまちまちで色が微妙に違っています。造形的にもそうでしたがペイントでも細部まで自然物としての感性がくまなく施されているのにはいつも感動を覚えずにいられません。

エナメル塗料でシャドウを入れる前にもっといろいろな色でムラムラにしていこうと思います。ん～やはりペイントは、自己流になってしまいますね～（汗）。

はがしたり塗り重ねたりの繰り返しで結局、最初から筆塗りでも良かったかもです。下地のサーフェイサーも塗らなくて良かったかもですね。いつもそうですが、あくまでも参考程度に見ていただければ幸いです。塗り重ねたのは、こげ茶色や茶色、黄土色などの色にフラットベースを混ぜて所々に塗り分けていきました。

次にエナメル塗料でシャドウを入れるために黒と茶、フラットベースなどを混ぜた色をエナメルシンナーでかなり薄めながら、全体に塗り、キッチンペーパーで拭き取っていきました。そして濃いめの色を葉っぱの隙間にくまなく入るように塗りこみました。ちょっと真っ黒になってしまいましたので、その後ラッカー系シンナーでまたはがし始めました。

口の中はラッカーで（赤＋白＋黄＋フラットベース）の色を塗りました。その後、シンナーで歯の部分をはがし、薄く白を塗りました。

本体のペイントはこれで完成です。今回は目の仕上げに関して少し詳しく書いてみます。でもこれから書くことは、あくまでも目を光らせる電飾キットの場合が中心ですのであらかじめご了承くださいね。ノーマルキットの場合は、目のペイントの部分だけ参考にしていただければ幸いです。ガレージキットの目の仕上げは、とても神経を使う場所なんですが、電飾キットになるとさらに神経を使います。しかしこのシリーズの場合、眼球が別パーツなので、失敗しても何回でもやり直せるという利点があります。先にラッカー系で白目を塗ってから黒目はエナメル系で塗れば、エナメルシンナーなら下地のラッカーを溶かさないので、黒目は何回も修正ができます。この２点により、納得がいくまで繰り返しペイントができます。ところで、原型はノーマルキットの設定で目の造形をしておりますので、電飾キットとノーマルキットで微妙な見え方のズレが生じてしまいます。毎回製作のたびに書いていますが、黒目の大きさは光ると小さく見えるようになりますので大きめにペイントするのがいいかと思います。これは光の明るさの度合いにもよりますので、私は白目のペイントを３重（表２回、裏１回）にすることによって明るさを抑えるようにしています。そしてさらに突き詰めて考えると、「光った場合は白目全体の面積が大きく見える」という結論に至ります。ということは黒目を大きく描くだけでなく目の周りを微妙に小さくした方がより正確な見え方に近づくということになります。方法としては、黒目を大きめに描く以外に目の周りをエポキシパテなどで微妙に小さくするという方法が考えられます。これは多少技術を要するので、製作に慣れている方への提案ですが、この改造をすることによって光っていない時の目は当然小さく見えてしまいます。でも実際の着ぐるみも光っていない時は小さく見えていた可能性が高いので良しとします。また目の周りはちょうどパーティングラインなので、バリなどが出来やすい場所です。バリを取っているつもりが目を大きくしてしまった場合や量産品なので多少のズレや歪みや厚みの違いなどの為、眼球が合いにくい場合もあります。その修正の為にもこの方法は有効かと思います。目の周りは繊細な場所なので妥協はしたくないですし、目が光るすべて（例外もあり）の電飾キットに言えることですので、今までのキットや今後のキットの為にも重要なことだと思います。

上の画像では目の周りにエポキシパテをちょっと多めに盛っています。順番は前後しますがペイント前の眼球パーツにワセリンや離型剤（メンタムでも可）を塗っておいて押し込み、パテが固まるまで裏からセロテープで固定しておきます。

次に眼球の黒目部分を塗ります。黒目といっても外側は薄青のような色なので、エナメル塗料のロイヤルブルーに白を混ぜた色を塗りました。上の画像のようにLEDを設置したインナーパーツに両面テープでつけておくと光らせながらペイントができます。光らせながらのペイントの場合、ちょうど良い色にするのは難しいです。色ムラとかが目立ちますし濃い色かと思っても薄かったりします。この時点でスイッチに配線接続しておいても良いかと思います。

顔のパテが固まったら、眼球をはめてインナーパーツで押さえます。そして光らせながら黒目の位置や色、形などを描き込んでいきます。多少、虹彩らしき物も描きました。同時にエポキシパテを足したまぶた部分の形もチェックし、リューターで形を整えます。リューターを使う時は、眼球を外したほうがいいかと思います。この作業に欠かせないのが資料です。できればいろいろな方向からチェックします。リューターで削っているので画像では分かりにくいですが、結局パテを盛った厚みは、約0.2～0.5mmぐらいかと思います。

黒目（薄青）のペイントが終わったら、瞳孔部の黒をペイントします。白目部分には薄めたエナメルの赤で少し充血した感じを入れます。マブタ部分の色も塗り眼球と顔をセットして再チェックします。人形は顔が命ですから納得がいくまで楽しんでください。OKならば、眼球を外し水性クリアーを2回吹いて完了です。

上の画像は、スイッチ部の付け方です。電飾キットにはスイッチ用の穴が開いていますので、そこにスイッチを接着します。この時、接着剤やパテなどをスイッチの可動部分に付けないようにして接着後もちゃんと可動するよう気をつけてください。またスイッチ接続金具は、画像のように曲げておいてください。

電池ボックスはこのように納まります。この後顔は、後頭部パーツに接着しパテ埋めします。電池交換による取り外し部は、頭部と胴体の接合面が良いと思います。

スイッチの色が気になるので胴体色を塗りました。原型半分、ペイント半分と言われる完成品製作ですが、あれほど時間のかかる原型作りと比べると時間的には全然かかっていませんが、完成品鑑賞時のイメージの半分は、ペイントのおかげなんだということを実感します。

ケロニアの思い出

ケロニアだけ、他の怪獣と違ったことがあります。それは、ファンドで原型を作っていないということです。初めてグレイスカルピーなる物を使ってみました。使い慣れない物、行きつけでない店、やったことない仕事、みんな苦手な私ですから、当然うまくできません。でも忍耐力には自信があるので何とか原型完成まで使いきることができました。一番やりにくかったのは、ディテールの皺付けです。リューターで削っても、カスが綺麗に取れず、面になじませることができません。
「こんな粘土よく使ってるな～」
これが私の感想です。私がいつも使っている粘土は、「ソフトファンド」です。ファンドより柔らかくて、伸びもいいので盛り付けやすいのです。しかし欠点もあります。収縮率が高いので、ヒビ割れしやすいことです。
「こんな粘土よく使ってるな～」
友人の原型師が、私に言いました。まあ、道具も材料も十人十色ということですね。

完成品 GALLERY
吸血植物ケロニア編

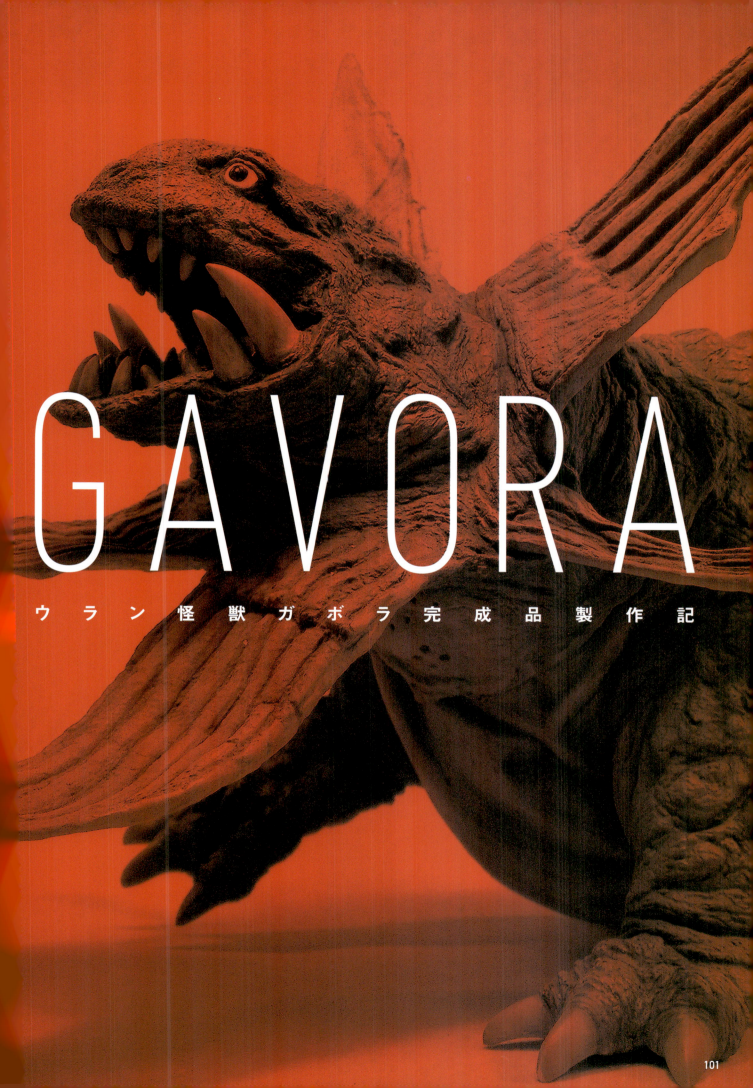

GAVORA

ウラン怪獣ガボラ完成品製作記

GAVORA

ウラン怪獣ガボラ 完成品製作記

ガボラの抜け上がりサンプルが上がってきましたので、早速完成品製作に入りたいと思います。司会進行役兼モデル兼営業部長を勤めていただくのはニャンコロメ花でっす。

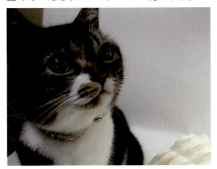

「よろしくなのにゃ～」

という間に眠り始めました～。

「おやすみなのにゃ～」下の画像は、スタンダード版のパーツです。

ガボラ（スタンダード版）

こちらはデラックス版の追加パーツです。

まずは湯口取りやバリ取り、パーティングラインの修正などです。モールドのある所は、リューターのダイヤモンドの粉付き刃で削りながら、モールドを繋げる感じで彫っていきます。気泡やへこみ、深い段差があった場合は、洗浄後か組み立て中にパテ埋めすればいいかと思います。その次は洗浄です。今回も粉のカネヨクレンザーを使いゴシゴシと始めました。

これがダイヤモンドの粉付き刃です。モールドを削る時だけでなく原型製作でも完成品製作でもよく使います。画像の左側からよく使う順に並べてみました。

ダイソーで買ったブラシでゴシゴシやってから水ですすぎ、水をはじく所は歯ブラシを使いクレンザーをたっぷり付けて集中的にゴシゴシやり、水がはじかなくなればOKです。上の画像は、まさしく歯を歯ブラシでゴシゴシやっている所です。

この後、乾かしてから組み立てに入ります。胴体と尻尾は、中空成型なので気圧の調整の為、1ヵ所穴が開いています。洗浄時、その穴から水が入ってしまいますので、穴をふさぐか、後から入った水を排出しておきます。

「あれ～もう終わっちゃったのかにゃ～」

「いきなりアップで失礼しましたにゃ～」

続いては胴体と左手の接着です。この二つで基準になる接地面が決まります。他の脚パーツは、それに合わせて接地させながら接着すればいいと思います。左手を仮付けしてみると、成型の収縮かどうかは分かりませんが、左脚（ヒザ）の接地面が少し浮くようなので、修正しながら接着、パテ埋めをしたいと思います。左手の接着の仕方でも少しは調整できるかと思いますが、分かりやすい方法として浮いている所に直接パテ盛りをしました。ただ個体差もあると思いますのであらかじめご了承ください。

上の画像が、接着しパテ埋めをしたところです。接合面のモールドをもう少し彫れば終了です。今回の脚パーツには、接合面に凹凸を付けてあるので、シンチュウ線の印を付けていません。瞬間接着剤で接着してからエポキシパテで隙間を埋めていきます。接合面は、シワのミゾになっている部分が多いので、完成品画像などを見ながらパテ盛りしてください。

少し浮いた左脚にはこんな感じでパテ盛りしました。ここももう少しモールドを入れたいと思います。

次に首パーツの接合面処理です。ここはデラックス版の場合差し替えの為、取り外し可能にしておく場所ですので、シンチュウ線の打ち込みとすり合わせ、パテ盛りによってピッタリ合うように製作します。また電飾キットの電池交換もここで出来るようにしました。従ってここを接着していいのは、スタンダード版のノーマルキットのみということになります。まずはシンチュウ線が入る穴を2.2mmのドリルで開けます。穴は4ヵ所印が付いてる場所に開けます。平行に開けられるように爪楊枝などを上の画像のように挿しながら少しずつ開けていくと良いかもです。

上の画像はシンチュウ線を挿してはめてみた所です。ココで注意なんですが、胴体パーツは中空なので、穴は貫通します。ですので、切ったシンチュウ線を胴体内部に落とさないようにしてください。ちゃんとはまることが確認できたら、切ったシンチュウ線は、首パーツ側に瞬間接着剤で固定しました。

合わせてみて隙間が気になる場合は、上の画像の様に紙ヤスリですり合わせします。削るのは首パーツ側だけが良いです。

上の画像のようにエポキシパテを細く伸ばして瞬間接着剤でつけていきます。

だいたい一周り付けたらヘラなどで密着させてならします。胴体側にパテがつかないようワセリンなどの離型剤（メンタムでもOK）を胴体側に塗っておきます。そして胴体にぎゅ～とはめてみてはみ出したパテを取りつつ綺麗にならします。パテが固まったらモールドなどをリューターでつけて終了です。

今回エポキシパテは、ウェーブの「ミリプット・エポキシパテ」を使用しました。ちょっとボソボソしてるかもですが、まあまあ良い感じです。グレーのパテより、レジンに近い色なのが良いかと思います。

「ん～ナニナニ」

「ガボラ君が早く顔をつけて欲しいと言っておりますにゃ」

「組み立てがんばっていこ～にゃ～」

今回の電飾キットです。スイッチ部のみ接続すれば完成します。

次にヒレ開き用の下アゴパーツと尻尾を接着しパテ埋めしました。

次にヒレパーツの接着です。大きい4枚のヒレの接合面には、位置決め用の凹凸がついていますが、それとは別のヒレパーツ側のシンチュウ線用の印が消えてしまっていますので、シンチュウ線を打ち込む場合の方法を説明します。本体側にはシンチュウ線の印が付いていますので、ヒレ側の接合面に紙粘土や油粘土をつけて押し付けながらはめてみます。するとシンチュウ線用の印がヒレ側にも付くのでそこをドリルで穴開けします。

ヒレが4枚とも穴開けが済んだらシンチュウ線を打ち込みはめてみます。だいたいピッタリ合えば接着します。もちろん強力な接着剤ならシンチュウ線は無くてもいいかと思います。

そして隙間をパテ埋めします。

次に細いヒレの接着です。上の画像のように細いヒレは、シンチュウ線の部分がレジンになっていますので、本体側に約2〜2.2mmの穴を開ければ、このままはめ込み接着して良いと思います。強度が気になる場合は、シンチュウ線に付け替えてもいいと思います。

顔ですが、眼球のペイントをしていないのでまだ組み立てられません。とりあえずシンチュウ線だけ打ち込んで合わせました。

閉じ顔パーツのシェイプUPをしておこうと思います。このパーツは薄いので成型時に歪んで合いにくくならないよう原型の段階から、何箇所かつなげたままにしてあります。上の画像は、リューターやカッターで隙間を広げた後の様子です。まず上側ヒレ2枚は、先端だけわずかに残してほかは切り離しました。

中間の細いヒレの先端は、削りながら切り離しました。下側のヒレ2枚は、間の境界線を少し削って広げ、先端はわずかにつなげておきました。

両脇の隙間は、出来るだけ削って隙間を増やしました。

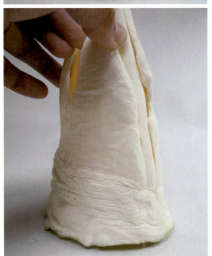

上の画像のように閉じヒレ顔パーツは、まだ接着できないので、干渉している部分を削り、なるべくピッタリ合うようにしておきます。ここはシンチュウ線を使わないほうが合わせやすいと思います。

「だんだん出来てきたにゃ～」

「こにゃにゃちは～」ペコ

「おぉ～どうやらサーフェイサーを吹いたようですにゃ～」

サーフェイサーは、いつものようにあまり濃くは塗りません。シンナーで薄めて筆塗りしました。サーフェイサーを塗るとバリや段差、気泡などが良く分かるので、この段階で全体的に表面モールドをチェックします。接着した接合面のモールドもチェックして気になるところはリューターで直します。

いよいよ本体の基本色をエアブラシで吹きます。私が感じていたガボラのカラーは、グレーですのであまりサーフェイサーと変わらないのですが、よく見るとそのグレーの中に赤、黄、青などの色味を感じる部分が多々ありますので、「結構手ごわいかな～」と思いながら、基本色を作り始めました。白、黒、シルバー、フラットベースを混ぜた色を作り、それに赤系、青系、黄系を混ぜた3種類の色を基本としました。

まだまだ色が足りない感じですね〜ってそれもそのはず、ガボラのイメージカラーと言えば何と言ってもヒレの赤ですよね。というわけで赤に黄色、グレー、フラットベースを混ぜて吹きました。

ヒレ（表側）の色は、白に基本色を少し混ぜて吹きました。体の方は、暗めの色を作り所々に吹いてみたり、背中は縞模様のようになっているので赤系の色と青系の色で塗り分けてみました。

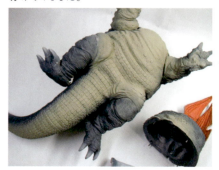

お腹は、ダークイエローに明るめのグレー、黄色、金、フラットベースなどを混ぜて吹きました。

画像ではあまり変わっていないように見えますが、さらに明るめの色を作り吹きました。

ヒレにつや消しの黄色をところどころに吹いてみました。

これまた画像では分かりにくいですが、あちこち細かめに吹いています。資料を見ながら実物の目立つ色ムラとかも再現しようと試みていますが、ペイント技術が未熟なので難しいです。

「お疲れ様で〜すにゃ」

「おお〜歯がハガハガ」ガクガクブルブル

続いては電飾キットの場合に必要な光漏れ防止用の黒を塗りました。

念のため上アゴの上面にも塗りました。

次に歯と爪の色を塗りました。歯は一度全部シンナーで溶かして拭き取ってから、白を筆塗りしました。さらにスチール写真で黄色が強い写真があったので、ヒレに黄色を吹き足しました。

さてこれからようやくエナメル塗装に入ります。使っているのは、タミヤエナメル塗料で、つや消し黒に少し茶色、金、フラットベース少々（入れすぎると粉が吹いたようになる）を混ぜ、エナメルシンナーでかなり薄めます。これをジャブジャブ全体に塗りまくります。エナメルは乾くのが遅いので焦らず乾く前にキッチンペーパーなどで軽く拭き取っていきます。そうすると溝に色が残り、皺などが強調され渋くなってきて、怪獣らしさが増してきます。

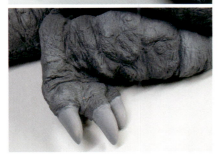

爪も一度はがしてから、塗ったのですが、胴体の色とあまり変わらない色なんです。

次に電飾キットのスイッチの取り付けです。スイッチは上の画像の位置にパテで固定します。電飾キット加工済みの場合は、この位置にはめ込みパテ埋めするだけでOKです。スイッチの可動部分がちゃんと作動することを確認しながら固定してください。可動部分までパテ埋めしないように注意しましょう。

次にLEDを上アゴ兼インナーパーツに接着します。瞬間接着剤で接着し後ろ側をパテ埋めして、光が後ろに漏れないようにしてください。

「フムフム、目が光るのは楽しみだけど、猫の目は電池が無くても光るんだぞ～」

さて司会進行役営業部長モデルさんの言うとおり、顔の仕上げに入りたいと思います。まず電飾キットの場合の目のパテ埋めです。なぜこの工程があるのかはケロニアの時（P.95参照）に説明させていただきましたので、そちらをご参照ください。

まず眼球のはまる場所のバリなどを取り、眼球がピッタリはまることを確認しておきます。次に眼球にワセリンや離型剤（メンタムでも可）を塗っておきます。エポキシパテは、色が近いのでグレーのパテを使います。あとからパテがポロッと取れるのがいやなので、瞬間接着剤をつけながら目の周りにつけていきました。このとき眼球を顔にはめたり外したりして目の周りにしっかりパテがついていることを確認します。もちろん資料を見ながら、まぶたの感じもチェックします。パテが固まった後、リューターで削りながら再度チェックします。

次に実際に光らせてみて目の大きさや形をチェックするため、眼球の裏をマスキングテープを3重にして固定します。こうすることによって光が抑えられます。

そしてLED接着済みの上アゴインナーパーツをはめて光らせてみます（画像ではヒレ閉じ顔用パーツを使用しています）。OKならば、次に眼球を外し眼球のペイントに入ります。

上の画像は、電池BOXからの配線ですが、スイッチに接続予定の黒いコード同士を仮付けしてあります。

透明レジン製の眼球は、スポンジヤスリか紙ヤスリの細目をかけて塗料のノリを良くしておき白を塗ります。GSIクレオスのキャラクターホワイトのスプレー缶を使い慎重に吹きます。何が慎重かと言いますとホコリなどが絶対に付かないように塗らなければなりません。光らせると、そのホコリが透けて目立ってしまいます。

いつもこの工程で何回も失敗しやり直します。今回も失敗したので、方法を変えることにしました。スプレー缶はやめて、エアブラシで薄く慎重に光らせながら吹くことにしました。上の画像のように上アゴインナーパーツをマスキングしておいて、両面テープで眼球をつけ点灯させて吹くのです。そうするとホコリなどがついたらすぐ分かるので、すぐやり直すことが出来ます。

　この方法でスムーズに白目を塗ることが出来ました。やっぱりエアブラシの方が粒子が細かく薄く塗れるので良いです。3回〜4回ぐらいに分けて吹きました。眼球の裏は、スプレー缶で2回吹いたままです。これだけ塗ればかなり光が抑えられるので、リアル感が増すと思います。

　次に黒目部分を塗ります。エナメル塗料の黒を使い資料とニラメッコをしながら、一番慎重になる瞬間です。息を止めて面相筆の細いやつで、黒目の輪郭を描いていきます。どうやら黒目の中に白い点があるようです。電飾キットの場合、黒目は大きめになりますが、分かりにくいので眼球を顔にセットし光らせながらペイントします。エナメル塗料なので、エナメルシンナーで下の白目を溶かすこと無くやり直しができます。さらにいうならエナメル塗装の前にラッカークリアーを吹いておけば完璧です。この後エナメルの赤と黒を混ぜた色を薄めて白目部分に塗ります。

　OKならば、上アゴインナーパーツを接着しパテ埋めします。上の画像がパテ埋めしたとこです。この後、リューターで表面を整え色を塗り修正しておきます。

　いや〜今回の顔は2個あるのでかなり時間がかかってしまいました。ただヒレ閉じ顔の目や電飾に関しては、下の画像のようにほとんど見えなくなる場所なので、ちと寂しいかもですね。画像では顔を接着しパテ埋めまでしてあります。

　こうなります（悲）。

　次に電池BOXの接着です。上の画像のように今回は、電池BOXの設置場所が決まっています。奥まで入らない場合は、角をリューターか彫刻刀などで削れば入ると思います。なるべく奥まではめて接着します。次にスイッチに電線を接続しサクッとハンダ付けします。

　これが配線接続した状態です。

　この後、ヒレ開き顔の組み立て接着、パテ埋め、修正を済ませてガボラ完成です。

「完成お疲れ様なのにゃ〜」

ガボラと
ニャンコロメ花の思い出

　この怪獣はこのシリーズ初の四足怪獣ということで、私的にも今までと違う心構えで造形にチャレンジしました。
　原型を作り始めていくと、高さがないためか粘土を盛っても盛っても足りない状態が常に付きまとい、とうとう今かつて経験したことない大きさの胴体になっていました。
「こりゃ〜うちの猫と同じくらいありそうだ」
　そう思ったのが、ニャンコロメ花が登場するきっかけでした。それ以降、ニャンコロメ花がちょくちょく登場してくれたおかげで、ブログに花を咲かせてくれました。思えば捨て猫だった小猫を娘が拾ってきて、最初は
「だめ、返してきなさい」
と突き放し、次にカミさんがまた連れてきて「しかたないから誰か飼手が見つかるまでだね」と言って飼いはじめ、避妊手術をした時に「一生面倒を見る」と決意したあの日からもう10年ぐらいは経つかな〜。いつまでも元気でいてほしいと思う今日この頃です。

完成品 GALLERY
ウラン怪獣ガボラ編

TELESDON

地 底 怪 獣 テ レ ス ド ン 完 成 品 製 作 記

TELESDON

地底怪獣テレスドン 完成品製作記

さてワンダーフェスティバルまであと6日ですが、まだテレスドンの胴体と眼球のサンプルが上がってこないので、他のパーツから先に進めて行こうと思います。この時期、抜き屋さんもメチャ忙しいらしくサンプルが遅れています。サンプルが上がり次第、製作開始します。

まずは湯口取りやバリ取り、パーティングラインの修正などです。モールドのある所は、リューターにダイヤモンドの粉付き刃で削りながら、モールドを繋げる感じで彫っていきます。気泡やへこみ、深い段差があった場合は、洗浄後に組み立てながらパテ埋めすればいいかと思います。次に洗浄です。今回も粉のカネヨクレンザーを使い、お湯をつけてゴシゴシと始めましたが、大きいブラシでは、深い場所まではなかなか入らないので、結局ほとんどの場所を歯ブラシにクレンザーをたっぷりつけて、強く押し付けながらゴシゴシやりました。やはりクレンザーと歯ブラシの組み合わせが一番落ちるようです。表面が水をはじかなくなればOKだと思います。

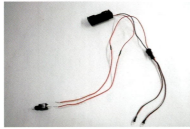

今回の電飾キットです。いつもと違うことに気が付いたあなたは、かなりのアレイド通の方ですね！スイッチ側のコードが赤線だと言うことです。ここはいつも黒線を使ってきたので、赤線がたまりにたまっているせいで、捨てるのはエコではないと思いますので、今回からしばらくスイッチ側は赤線でいかせていただきます。

次はスイッチ部分の組み立てです。画像の2本のトゲパーツを見てください。上のトゲパーツは、電飾しないノーマルキットの場合ですので、そのまま接着しパテ埋めしちゃってください。下のトゲパーツは、電飾加工済みで一部カットしてあります。この部分が無くても大丈夫なんですが、これがあるとぶれずにスライドしやすいので、残してあります。そしてスイッチのはまる穴も合うように調整しておきます。

上の画像は、スイッチを合わせて見た所です。スライドさせてみてオンオフの切り替えができるかどうかチェックしておきます。

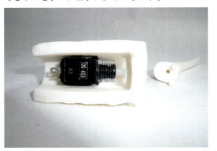

スイッチを接着してエポキシパテで隙間を埋めるようにしながら固定します。

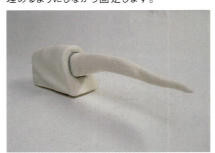

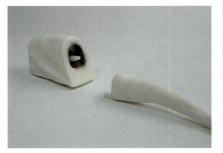

この時注意することは、トゲパーツをはめてみてスライドさせた時に、このパテがひっかからないように平らにならしておくことです。次にトゲパーツの隙間が見立たないようにパテ埋めします。パテ埋めする時は瞬間接着剤をつけてその上からパテを盛りつけた方が、しっかりパテが食いつくと思います。隙間をピッタリ埋めすぎてスライドしなくならないよう気を付けましょう。

次に顔のインナーパーツ兼上アゴパーツですが、電飾加工の済んだパーツは目の部分に穴が開いてるはずですので、そこにLEDをはめてみてください。合うようなら外しておきます。

あと胴体パーツが届く前に進められる所は、顔と下アゴパーツの接合面の処理ですね。今回ここの接合面には、いつも付けている丸いダボ穴を付け忘れてしまいました。すいません。でもいつも通り2mmのシンチュウ線用の印は付いていますのでそこを穴開けします。

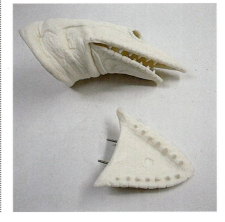

シンチュウ線をはめてあわせて見ますと、まあまあピッタリ合うので、今回はパテで修正しなくていいかと思います。これは差し替え可能にする場合ですね。もちろん個体差があるので、全部とは言えません。また、もちろんどちらかの下アゴに決めて、口の中のペイント終了後に接着しパテ埋めしてもかまいません。

各接合面についている印のところにシンチュウ線を挿しておきました。

ウトウト…

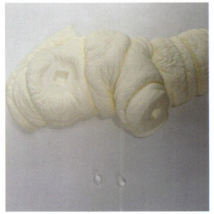

　さて眠り猫はほっといて、次は胴体のパーティングライン処理からです。ダイアモンドポイントを使い周りのディテールをつなげるようにチマチマと削っていきます。ちなみに原型のモールドも同じように削ってつけています。

　順番が前後しますが胴体の洗浄です。粉のカネヨクレンザーを歯ブラシにたっぷりつけてお湯をつけてゴシゴシ。水がはじかなくなるまでゴシゴシ。胴体パーツは中空なので、気圧調整のために穴が開いています。今回は尻尾の接合面に1ヵ所開いているようです。その穴から、水が入りますので、事前にふさぐか、後から水を抜くかしないと、完成した後に揺らすと「チャポチャポ」と音がするなんてことにもなりかねないです。電飾キットの加工済みの胴体なら首の接合面と背中のスイッチ部に穴が開いているので、水抜きは楽でしょう。

眼球パーツは、塗料がのりやすいように、スポンジヤスリの細目などで、表面を荒らしておきます。

　次に接合面についているシンチュウ線用の印の場所を穴開けし、エポキシパテを使いながら組み立てていきます。私はまず尻尾と胴体を接着しました。ここには3つのダボがついています。そこにシンチュウ線を打ち込み瞬間接着剤で接着するんですが、前もってエポキシパテをひも状にし接合面につけておいた方が効率的に接着できると思います。この時、パテがニュルニュルとはみ出てくるぐらいがいいでしょう。パテが柔らかいうちに余分なパテを取り除いておきます。今回のテレスドンの接合面は、ほとんど着ぐるみの深い溝の中に位置するので、パテの埋めすぎには注意してください。他の溝を参考にしなが

ら、深さを調整してください。また、脚パーツの接着ですが今回は、踏ん張ったポーズなので、足の裏は多少外側に隙間が開きます。シンチュウ線の穴は大きめにしておいて、微調整しながら脚の位置決めをし接着します。ここもパテを先につけておいた方が、やりやすいかもしれません。腕も同じように接着します。パテを盛りすぎて、接合面が離れたまま接着されたりしないようにしてください。

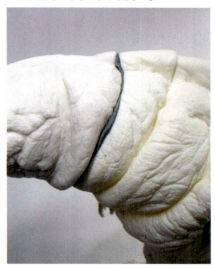

　顔と胴体の接合面の処理です。画像は顔側に半練り状の離型剤（ワセリンやメンタムでも可）を塗っておいて、胴体側は瞬間接着剤とエポキシパテをひも状にして使い圧着した所です。ここは電飾キットの電池交換用に取り外し可能にする場所です。シンチュウ線は3mmのアルミ線2本でいく予定で、印は2ヵ所しかついていませんでしたが、実際やってみるとはずれやすいので、結局5ヵ所にシンチュウ線を設置しました。特に効果的だったのは、てっぺんの飛び出た部分につけたシンチュウ線です。シンチュウ線を増やす場合は、先にどちらかの穴を開けておいて、反対側に粘土などをつけて押し付ければ、位置が分かりますので、そこを穴開けします。

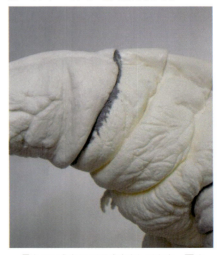

柔らかいうちにパテをならしておき、固まった後にダイアモンドポイントで削ってならしたのが上の画像です。ここも接合面が溝になっていますので、パテで埋めすぎないように注意してください。

上の画像は、一通り接着、パテ埋め、ならしが終わったところです。背中のスイッチ部分は配線してから接着しますのでまだつけていませんが、この時点で配線ハンダ付けし接着してもいいと思います。今は落ち着いてそう思えるのですが、実際の作業中はワンフェス2日前でしたので、焦りまくっていてそれどころではありませんでした。

さて今回は、画像のようにサーフェイサーを筆塗りしました。色がつくと分かりやすいので、パーティングラインやバリのチェックをします。気になる場所は、再度ダイヤポイントでならします。電飾キットの場合は、光漏れ防止用の黒を目の周りとインナーパーツに塗ります。上の画像ではインナーパーツの目の部分は、黒を塗っていませんがここも塗らないと口の中から光漏れすることが後で分かりました。

上の画像は、接着したスイッチをマスキングテープで隠したところです。

さていよいよ塗装に入ります。まず基本色を作ります。私のイメージでは、テレスドンは赤茶なんですが、GSIクレオスのラッカーの茶色は結構赤いので、かなり近い色かと思いましたが、やはり他の色も作り、まだらに吹いていこうと思います。他の色はその赤茶以外にこげ茶系、薄茶系、黄色系の色を作りました。もちろんすべてフラットベースでつや消しにしてあります。前の画像は、その基本色をまだらにエアブラシで吹いた状態です。画像では、まだらには見えないですね（汗）。口の中には、その基本色の上からエナメルの赤に白＋黒少々を混ぜた色を筆塗りしています。

次にエナメルの黒に茶、金、フラットベースを少し混ぜた色をエナメルシンナーで極薄にしてジャブジャブ全体に筆塗りしキッチンペーパーでポンポンと拭き取っていきます。この時、モールドの溝にその色が残るようにします。あと舌にエナメルの赤を塗り重ねました。

ドライブラシをかけようと思ったんですが、今回はやめてホコリや泥のような汚しをエアブラシで吹いてみようと思いました。ダークイエローに白などを混ぜて薄めた色を所々に吹いていきました。あまり汚しと言う感じにはなっていませんね（汗）。

口の中の塗装ですが、舌は赤が強めで、それ以外は赤が弱めで塗りました。舌は2種類ありどちらも下アゴにつけられます。唇にも赤を所々に塗っていきました。次に歯です。ラッカーシンナーを綿棒につけてはがしていきました。どうしても落ちない場所は、ペーパー掛けします。はがし終わった後、ラッカーの白を薄めた色を軽く塗りました。その後、口の中全体に胴体で使ったエナメルの影用の色をジャブジャブ塗り、キッチンペーパーで拭き取ります。

ダッ〜〜（勢いよく駆けよってくる音）

くんくん〜
「あ〜シンナーの良い匂いだにゃ〜」

インナーパーツ兼上アゴパーツは、電飾キットの場合、光漏れ防止用につや消し黒を塗りますが、上アゴでもあるので、口の中の色も塗ります。残念ながら画像は撮っていません。上の画像はLEDをパテ埋めした画像ですが、この裏側の面は、口の中になるので、赤を塗っておきます。しかしここを接着できるのは、眼球のペイントが終わってからなので、パテ埋めや色修正は一番最後になります。

眼球のペイントに入る前に目の加工を行ないます。今回テレスドンに関しては、主に上まぶたにエポキシパテを盛りました。上の画像がそうです。これで多少白目部分の面積が小さくなったと思います。もちろんキットによってバリなどのつき方は、多少ばらつきがあると思います。資料を見ながらジックリ納得がいくまで…やっていたらパテが固まってきてしまいますので、ある程度のところで終わらせ固まってから、ダイヤポイントの極細のやつで修正してください。

顔に眼球をはめて光らせてみて目の大きさをチェックしOKなら次に進みます。

眼球にラッカーのキャラクターホワイト（半光沢）を塗ります。別に普通の白でもいいかと思いますが、なぜか私はこの色です。まずは上の画像の様にインナーパーツの眼の部分に両面テープでつけます。一応眼球以外はマスキングしておきます。

そしてエアブラシで少しずつ白を塗り重ねていきます。薄く塗ったら乾かしまた薄く塗り乾かしを繰り返し、ムラにならないように塗ります。光らせながらエアブラシをかければ、ホコリなどがついた時もすぐ修正できますし直せ

ないときはシンナーで拭き取れば、何回でもやり直せます。

ここはいつも一番神経を使う場所です。光を消すと上の画像のようにチャンと塗れていても、光らせるとホコリやムラムラで、ダメな場合が結構あります。

眼球には、黒目部分の浮き彫りがついていますが、これが電飾キットの場合ちょっとネックになります。電飾キットの場合は、その黒目より一回り大きめに黒目を塗るので、その浮き彫りの縁だけ濃くなってしまうのです。それを克服する為に今回はマスキング作戦でいきます。まず上の画像のようにマスキングテープを黒目の大きさでカットします。

次にそのマスキングテープを眼球に貼ります。

次にエナメルの青や青に白を混ぜた色を使い面相筆で塗ります。この時、虹彩を描く感じで放射状に塗ります。黒目の縁に色がたまらないように何回かやり直しました。この作業中も光らせながらの方がいいかと思います。

そして、OKならば、中心の黒（紺色）を面相筆で塗ります。眼球を外したのが上の画像です。白目部分の周りには、薄っすらと赤みをいれてあります。この後、水性クリアでコーティングして終了です。言い忘れましたが、光が強すぎる時は、眼球の裏側に白を重ねて塗れば抑えられます。

以上でテレスドン完成品製作記は終了です。

テレスドンの思い出

ザラガス、ケロニア、ガボラときて、次は人型のはずでした。人型とは簡単にいえば、尻尾の無い二本脚で立つ怪獣や宇宙人のことを指します。なのになぜ、テレスドンになったのか？ それはリクエストの多さと「有名どころを先にやっちゃえ〜やったもん勝ち」という風潮が狭い怪獣ガレージ業界の中であった為かと思います。やはりバッティングは避けたいという考えもあり、ならば先にやった方が良いといった感じです。そんな中、テレスドンの原型は着々

と進んでいきます。選んだポーズは前傾姿勢のテレスドン…これがメチャ写真写りが悪いのです。なぜなら、顔の鼻先がメチャ前に突き出ていて、二眼で作っている時は、「かっこええ〜」と感動しているのに、写真に撮ると「なんじゃこれ」てな具合になるわけです。

完成品 GALLERY
地底怪獣テレスドン 編

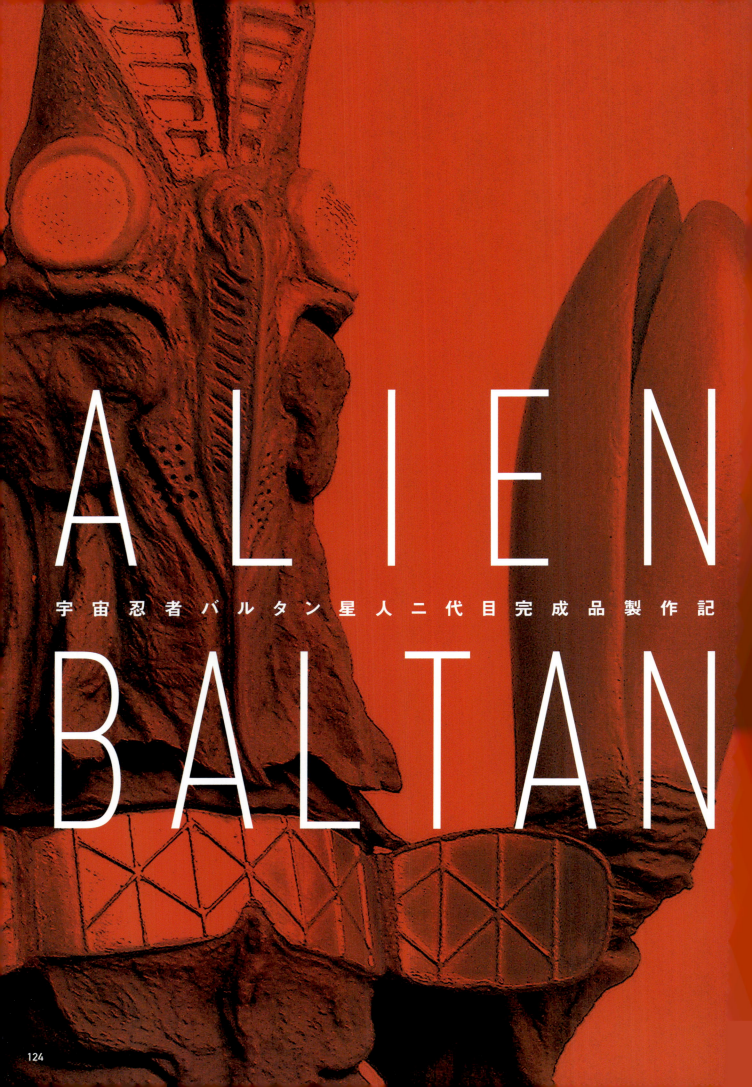

ALIEN BALTAN

宇宙忍者バルタン星人二代目完成品製作記

ALIEN BALTAN

宇宙忍者バルタン星人二代目 完成品製作記

バルタン星人二代目の完成品製作記をやっと始められることになりました。今回は宇宙忍者の異名を持つだけあってか、またポーズ違いによる暴挙販売をしてしまったためか、3体同時製作となりそうです(大汗)。この時期、ワンフェス用の怪獣も製作中なので、あまり時間がかかってしまうとヤバイかもですが、なんとかバルタン星人3ポーズすべての完成を目指したいです。出現ポーズ版＋電飾キットB(目＋頭発光)の完成品。反射ポーズ版＋電飾キットA(目発光)の完成品。攻撃ポーズ版＋電飾キットC(目＋頭＋ハサミ発光)の完成品。その後、ワンフェス会場では3ポーズの完成品を展示できていることを今から夢見ています。まずはほとんどのパーツを並べた図です。湯口、バリ取りは、脚以外はだいたい済ませてあります。画像には写っていませんが、この他にネジ6本とネジ隠しパーツ12個があります。

ていうか、こんなにたくさんあったのかと今さらながらに困惑したりして…。

湯口、バリ取りは、大きめなでっぱりはニッパー、小さめはカッターで取った後、リューターにダイヤポイントをつけて細かい所まで表面をならしていきます。脚などのツルッとした所は、ペーパー掛けをします。怪獣ばかり作っていると、こういう面の処理はあまり無いので、慣れていませんが、この時重宝するのが、次の画像のリューターにつけるペーパー用のポイントです。画像のようにペーパー(布ヤスリ推奨)の300～600番をポイントの溝に巻きつけて、細い針金で固定して使います。巻く時は回転方向に気をつけて巻いてください。使用中に注意することは、リューターの回転を遅めで使用するということと針金で作品や指を傷つけないようにすることです。回転が早すぎると、ペーパーがはがれたり飛び散ったりしますので危険です。目が詰まってきたら、ペーパーを裂いてむきながら使います。

これでバリや段差を縦方向に取った後、次にスポンジヤスリの320～600番相当のものを使い横方向に脚の丸みを出す感じで磨いていきます。バリや段差が綺麗になった後もこのスポンジヤスリは、削った感じが良い具合につや消しになるのと、塗料が食いつきやすくなるので、脚全体にかけた方がいいかと思います。

上の画像がペーパーがけしたところです。

ん～久しぶりに嗅ぐレジンの匂いは、また格別じゃにゃ～。

………ZZZZ……

さて眠り猫は放っておいて、パーツを洗浄します。さすがにこれだけあると丸一日かかりそうなので、カミさんに手伝ってもらい半日で終わらせることができました。いつものように粉のカネヨクレンザーをたっぷりつけて、歯ブラシでゴシゴシ！水をはじかなくなればOKです。充分乾かした後は、接合面のシンチュウ線処理です。いつものように2.1～2.2mmのドリルで接合面についている印に穴開けし2mmのシンチュウ線をニッパーで切りながら接合面の片側に瞬間接着剤でつけていきます。もちろん接合面を合わせながら、この作業を進めていきます。この作業も3体分なので、一日がかりです(汗)。

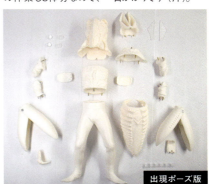

出現ポーズ版

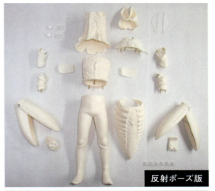

反射ポーズ版

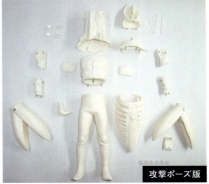

攻撃ポーズ版

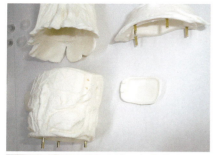

次に胸のカバーになるパーツですが、原型の段階でシンチュウ線をつけたまま型取りしていますので、胴体側に2.2mmのドリルで穴を開けるだけで取り付け可能ですが、穴の角度によってカバーの付き具合が違いますので、少しずつ穴を深くしていきピッタリあうように調節します。もし上手く合わないようなら3mmぐらいのドリルで開けてから、パテで接着してもいいと思います。

次にハサミをネジ留めしてみます。付属のネジは、左右で長さが違います。右のハサミ用が長くて左のハサミ用が短いです。これは私が長さ調整してからキットにします。ハサミの片側にナット用の六角の穴が開いていますので、そちらにナットをはめて＋ドライバーで付けてみてください。強く締めるとハサミの開閉は硬くなりますが、ネジの先が飛び出してきますので、その場合は飛び出したネジの先はリューターの砥石などで、削ればOKです。今回は初代バルタンと違いハサミの窓は、左右の外側向きです。

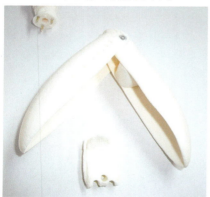

左側のハサミの中の下側につくパーツですが、これはこの段階で接着してしまってもいいと思います。上の画像は接着済みのものです。

続いて胴体の立ち方をチェックします。立たせた時に大きくガタガタする場合は、温めてゆがみを直します。温めるにはヒートガンか熱湯につけるかですね。ドライヤーの場合は、かなりあてないと熱くなりにくいかもしれません。そしてスカートパーツを下半身に合わせてみて上半身もセットしてみます。だいたい合っているようなら、スカートパーツを軽く温めてから合わせてスカートパーツの中心がずれないように気をつけながら上半身とスカートパーツだけを瞬間接着剤で接着します。それと胸のカバーパーツは、出現ポーズと攻撃ポーズはこの段階で接着してもいいかと思います。隙間は、あまりパテ埋めしない方が良さそうです。

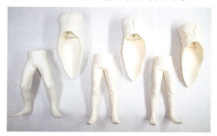

まあ最終的には上半身もスカートも下半身も接着しパテ埋めするのですが、着ぐるみ的に上半身とスカートはつながって一体成型になっており下半身とは分かれているので、その感じを出せればと思った次第です。

むにゃむにゃ〜

コツーン（カメラに当たる音）

ニャンコロメ花がまじめに司会進行をしないようなので、作業を進めたいと思います。続いてはパテ埋めです。

瞬間接着剤で接着してあった上半身とスカートの隙間にエポキシパテを詰めていきます。すいません、ここは結構隙間が開いてしまうようなので、今のうちに裏からと表からでパテ埋めをしておいたほうが良いかと思います。だいたいパテ埋めしたら、パテが柔らかいうちに下半身をはめて合わせておきます。下半身はまだ接着しないほうがいいかと思います。

ハサミパーツの一部を接着しましたので、そこもパテ埋めしておきます。また気泡がある場合もこの段階で一緒にパテ埋めしてしまいましょう。余分なパテは硬化後、リューターにダイヤポイントをつけて修正します。ていうか、今回ペイント前に接着する部分の少なさに唖然としております。電飾キット組み込みの段取りでできるだけマスキングを少なくする為とかで、まだ接着しないほうが良いと思った所が多いと言うことですね。あと接着できるとしたら、電線が通らない出現ポーズと反射ポーズの左腕ぐらいです。まあどうせだからこのままペイントになだれ込もうと思います。ただ電飾キットでない方は、ほとんどのパーツを接着しても大丈夫だと思います。

　というわけでサーフェイサーを薄めに筆塗りしました。いつものことですが、サーフェイサーは薄めでムラムラです。要はパーティングラインや気泡、修正箇所などが、目立たなくなっているかどうかのチェックの為です。薄めに塗ると溝にたまるので気泡やパーティングラインが良く分かるようになります。

　この後、下半身は再度ペーパー掛けしパーティングラインがちゃんと消えてるかチェックします。それから再度全体的にスポンジヤスリでペーパー掛けします。ハサミのパーティングライン消しは、リューターのダイヤポイントで良いかと思いますが、ハサミの表面処理はサーフェイサーをしっかりスプレーして少しテカッタ感じにしておこうと思います。

　下半身が前の画像のようにマダラ模様の様になっているのと細かい皺がサーフェイサーで埋まってしまうのがいやなので結局シンナーで拭き取ってしまいました。

　さてさて続いては、いよいよキラキラ赤や青に光る電飾キットについてですにゃ！よろしくなのにゃ〜。

電飾キットA（目発光）。反射ポーズ版に設置予定。

電飾キットB（目＋頭発光）。出現ポーズ版に設置予定。

電飾キットC（目＋頭＋ハサミ発光）。攻撃ポーズ版に設置予定。これらの電飾キットは試作品ですので、製品版とは多少異なります。

　まずは今回初めて使用する角型LEDの設置からです。電飾キットBからはじめます。右の画像のように赤色LED（無色の方）と電球色LED（黄色の方）の角度を調整します。

出荷時にだいたいの角度にしておきますが、この角度によって頭の光る範囲が変わってきます。

　もちろんココの調整は、頭の透明レジンパーツをペイントしてからでないと正確にはできませんので、とりあえず今の段階では、LEDをまとめる為に作った頭のインナーパーツに設置しておきます。設置方法は上の画像のようにインナーパーツにはさんで、インナーパーツ同士を瞬間接着剤で接着します。

LEDや電線には接着剤がつかないように注意してください。

　次に頭パーツにはめてみます（接着はまだしません）。この時、はめる順番として右側からはめるようにしてください。外す時は左からです。

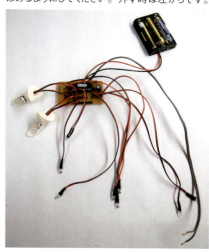

電飾キットCの場合も同じように設置します。

ここで電池を入れて発光テストをしてみます。スイッチ用の配線をつなげば発光します。

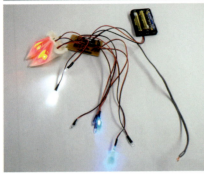

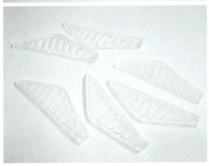

次に眼球と頭パーツの裏面をいつものように細目のスポンジヤスリで磨いておきます。これは塗料の食いつきを良くするためです。

おおっ、やっぱり光ると綺麗だにゃ～。
こんなの見ちゃうとますます組みあがりが楽しみだにゃ～。
こにゃにゃちわ～顔の大きい猫で～す。

ではペイントに入ります。毎回言い訳がましく言ってしまいますが、ペイントに関しては自己流の行当たりばったり的ペイントなので、くれぐれも参考程度にしていただいた方がいいかと思います。しかし原型を良くするも悪くするもペイント次第なのでガンバリま～す。まずは基本色作りからですが、その前に反射ポーズ版の胸板の部分だけマスキングしておきました。最初は全体的に茶色の基本色を塗ってしまおうと思います。基本の茶色は、GSIクレオスのMr.カラー
ブラウン5：レッド2：ゴールド1：レッドブラウン1：キャラクターブルー1ぐらい。
それを大量のフラットベースとシンナーで薄めてエアブラシで吹きました。この基本色は、後々混ぜたり修正する時にも使いますので、多めに作って残しておきます。

次に明るめの灰色を作ります。
基本色2：ホワイト3：シルバー2：ジャーマングレー1：フラットベース2
ぐらいかな～？ この色を資料を見ながらだいたいの場所にエアブラシで吹いていきます。続いて赤茶色を作ります。
基本色4：レッド3：ブラウン2：フラットベース1ぐらい。
この色も資料を見ながらだいたいの場所にエアブラシで吹いていきます。

再度さっき作った明るめの灰色を吹きました。そしてハサミの根元をマスキングしてハサミ全体を塗りました。ハサミの色は、
シルバー4：ホワイト2：タン2：クリアーイエロー1：フラットベース1ぐらい。

おっと、忘れないうちに～光漏れ防止用のフラットブラックを筆塗りしました。まん中の顔は反射ポーズ版で、頭の発光は無いので塗っていません。

さて次は、顔の塗り分けを同じくMr.カラーで筆塗りします。
ハサミ用の色3：シルバー5：つや消しホワイト2ぐらい。
この色をシンナーで薄めにして下の色が溶けて混ざってぼやかした部分と濃い部分で調子の幅がでるように2～3回塗りました。次にまぶた？パーツの色を作ります。
タン6：つや消しホワイト3：オリーブドラブ1ぐらい
ここは2回筆塗りしました。

スカートの黄色は
イエロー5：つや消しホワイト3：フラットベース2ぐらい。
この色をシンナーでかなり薄めながら下の色とぼやかしながら塗っていきました。次に同じ色で脚の各所にまだらにエアブラシで吹きました。またわずかですが顔の一部にも塗りました。次にスカートのまん中の色を作り筆塗りします。
黒鉄色5：シルバー5ぐらい。

次に3種類の電飾キットの組み込み作業と組み立てに入ります。まず電飾キットA＋反射ポーズ版からです。上の画像のように右腕にスイッチ用の電線が通ります。

まずスイッチとダミー電球の取り付けです。とりあえず上の画像のようにハサミのインナーパーツにはめてみます。

ハサミにはめます。

ハサミをネジ留めしスイッチのON〜OFが出来ることを確認します。ハサミを1回閉じて開くと「カチッ」とスイッチが作動することを確認します。

何回か繰り返して確認します。

次にスイッチに電線をハンダ付けします。そしてスイッチとダミー電球をインナーパーツに接着します。スイッチの取り付け位置は、画像の向き（DS-408の文字が前向き）が良いと思います。

スイッチとダミー電球をエポキシパテで補強しておきます。スイッチの金具は、上の画像の様に曲げておいてください。その方が収まりやすいからです。

次に左のハサミの組み立てです。

ダミー電球を上の画像のように瞬間接着剤で接着します。

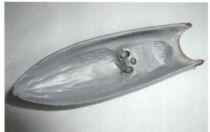

隙間はエポキシパテで埋めます。

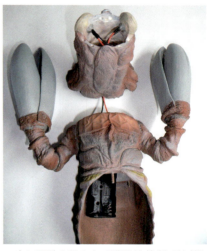

次に両腕を組み立て瞬間接着剤で接着します。瞬間接着剤は、接合面にあるダボ穴につけると効果的かと思います。接着しながら全体を仮組みし腕のつき方が変じゃないことを確認します。また眼球にLEDを設置し、エポキシパテでLEDの後ろを覆うように固定します。これは光漏れ防止の意味もあります。

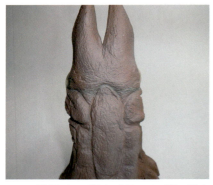

この反射ポーズ版完成品には、頭の発光は無いので、頭パーツも接着しパテ埋めします。

続いて電飾キットB＋出現ポーズ版です。前にも言いましたがこの電飾キットは試作品なので、実際の製品版とは見た目が変わります（製品版の方がコンパクトで綺麗です）。予めご了承ください。上の画像のように右腕にスイッチ用の配線が通ります。ハサミの組み立ては、反射ポーズ版と同じなので省略します。

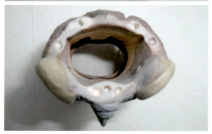

反射ポーズ版の時に言い忘れていたのですが、この時点で首パーツと顔パーツは接着して良いと思います。順番は前後するかもしれませんが、できれば全体を仮組みし位置確認をして接着します。ここは瞬間接着剤で接着するだけで良いと思います。

上の画像のようにスイッチとダミー電球、腕、ハサミ、目のLEDの接着、パテ埋めをします。後から調整するかもしれませんので、まだ頭のパーツと頭のインナーパーツの接着はしていません。また電池交換の場所ですが、今回は2ヵ所候補があります。首パーツと胴体の上半身パーツとの接合面、または胴体の上半身パーツと下半身パーツの接合面です。どちらでも好きな方を電池交換用に接着しないで目立つ場所は隙間をエポキシパテで修正しておきます。

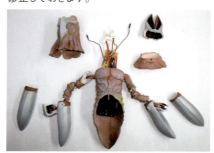

さて次は電飾キットC＋攻撃ポーズ版です。今までと違う所は、両腕に3個ずつのLEDを設置するということです。LEDは所定の場所に設置していきます（所定の場所はインストに説明してあります）。LEDは1本ずつ腕を通してハサミのインナーパーツに接着していきます。またスイッチ用の配線も右腕を通してスイッチに接着します。スイッチの設置やハサミの組み立ては、反射ポーズ版と出現ポーズ版の組み立てと同じです。ただスイッチの付くハサミのインナーパーツ内が少しゴチャつくと思いますので、LEDの電線はスイッチの左側を通すようにすれば納まると思います。

画像の試作品とは違い製品版は、もっとコンパクトで綺麗ですし配線も長めにして組みやすくする予定です。この後パテが固まったら、リューターにダイヤポイントをつけて修正しておきます。そして塗装の際に残しておいた基本色などを使いペイント修正します。ダミー電球には、クリアーラッカーを塗っておきます。

いや〜いよいよこの段階に来てしまいましたね〜バルタン星人両名において鬼門となる脚の模様です。二代目は資料も乏しく、ますます難解なペイントですので、分からないなりにアレンジも加えながらのペイントになると思います。イメージ的には「くすんで模様が良くわからない感じ」を表現しようと思います。

まず模様を入れる前の画像です。すべて胴体などで使った色で塗ってあります。作業がしやすいので、下半身を別パーツにして良かったと実感しました。

まずは一番模様が判りやすい水色の模様から始めます。幅広のマスキングテープをプラ板に貼り、カッターでギザギザに切りそれを資料を見ながら貼っていきました。エアブラシで吹く場所は、主にギザギザの先端なので、この程度のマスキングでも大丈夫です。エアブラシは細く吹けるように先端の金具を外し弱めの風圧で吹きました。水色は、
キャラクターブルー3:つや消しホワイト5:フラットベース2ぐらい。

次の画像は、分かりにくいですが水色と同じように薄赤模様もペイントした後のものです。薄赤は、
レッド4:つや消しホワイト4:フラットベース2ぐらい。

次に黄色の模様を吹きました。黄色はイエローFS13538（長い名前だ）4:つや消しホワイト4:フラットベース2ぐらい。

とっ、ちょっと黄色が強すぎた感じです。

強すぎる黄色の上から灰色を吹いて抑えました。灰色は、
基本色2:つや消しホワイト4:シルバー2:ジャーマングレー1:フラットベース1ぐらい。

一応、全体の色味のバランスを見るために上半身もつけて見たのが上の画像です。こうしてみるとまだ脚の模様全体が強い感じがします。

あと資料を見ると、ギザギザ模様も他の色で消えてたり薄かったりして均一でないので、それに近づける為、さらに灰色を所々（足にも）に吹きました。上の画像がそうです。この後、エナメルのスミ入れをしますので、多少しらっちゃけた感じでも大丈夫だと思います。

さて次に透明レジンパーツのペイントに入りたいと思います。頭の透明パーツは、裏側に光拡散用の白（キャラクターホワイト缶スプレー）を吹きました。同じく眼球のインナーパーツの表側にも吹いてあります。眼球に関しては、初代バルタンで経験済みなので、同じ要領ですね。

眼球パーツの裏側にクリアーオレンジ5:クリアーイエロー5の色を筆塗りしました。

上の画像は、インナーパーツにエナメルのクリアーイエローを塗った所です。

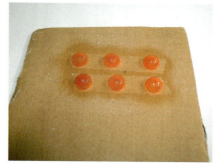

次に眼球パーツの表側にラッカーのクリアーをエアブラシで吹きました。

そしてインナーパーツの裏側にも白（キャラクターホワイト缶スプレー）を吹きました。

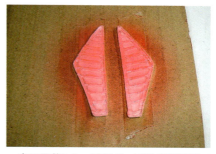

次に電飾しない反射ポーズ版の頭透明パーツの表にクリアーレッドをエアブラシで吹きました。頭は電飾じゃないので赤く光った感じを出したいところです。

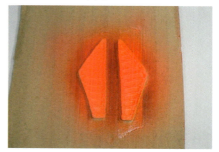

そしてクリアーオレンジを吹いた後にクリアーレッドをもう一度吹きました。

最後に電飾版の頭透明パーツの表側にイエローFS13538とクリアーオレンジをかなりシンナーで薄めた状態で一回ずつ吹きました。

電飾キットの続きです。上の画像は、頭パーツの光の反射の為、内側にホワイトを筆塗りした所です。これを塗るのと塗らないのとでは、光の広がり方が違いますのでぜひ塗ってください。

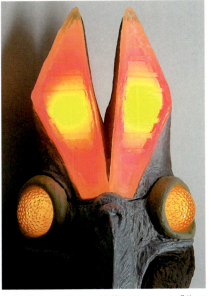

眼球はこの時点で接着しました。まず先に眼球の表とインナーを瞬間接着剤で接着してから、まぶたにはめるのですが、まぶたの奥に接着剤を付けて、奥まで押し込んでください。次に組み立ててある頭のインナーパーツをセットし、頭の透明パーツを付けたり外したりして、光り方をチェックします。上の画像ような感じで、なるべく全体的に光が広がる位置にLEDの向きを上に向けたり下に向けたりして調整します。不思議なのは赤く光った時の画像ですが、肉眼では真っ赤に見えるのに、写真に撮るとなぜか上の画像のように赤と黄色の二重の光に見えてしまいますね。

LEDの角度が決まったら、LEDに瞬間接着剤を付けて動かないように固定します。私は電線にも瞬間接着剤を流して固定しました。固定後に電線部をパテもりしておきました。

この次の作業なんですが、私はこの段階で頭の透明パーツを接着しパテ修正までしてしまったのですが、この後のペイントのことを考えると頭の透明パーツは、まだ接着しないほうがいいかもしれません。

さて次に光漏れ防止用にラッカーのつや消し黒を頭パーツ（出現、攻撃のみ）の枠のみに塗りました。発光部には塗らないので細かい塗り分けをしなければなりません。すいませんその画像撮るのを忘れてしまいました。何回か筆塗りしないと、なかなか塗料の着きがよくなかったです。考えてみると、ここは透明レジンなのにペーパー掛けしていませんでした。どうりで着きが良くないはずです。ここはペイント前にペーパー掛けとか、クレンザーでゴシゴシとかプライマー処理とかやっておいた方がいいと思います。

その次に枠の色をエナメル塗料で作りました。
タミヤエナメルの
ゴールド5:フラットホワイト3:イエロー1:フラットベース1ぐらい。

その次に周りの色をとって置いた色で塗り修復しました。上の画像がそうです。資料を見ると、顔の色（シルバー系）がこの枠にも着いていたりしましたので、そのように筆塗りしました。

これまでの作業が終わった3体を並べてみました。

さていよいよペイントも大詰めです。ようやくエナメル塗装に入ります（やはり3体同時進行は時間がかかりますね〜）。エナメルのつや消し黒に微量の茶色と金色を混ぜた色をエナメルシンナーで10倍ぐらいに薄めて使用します。全体的に（眼球には塗らない）ジャブジャブ塗って、キッチンペーパーで軽く拭き取っていきます。これによって陰影をつけたり、全体を引きしめてまとめる効果があると思います。

ついでに発光テスト！

ここで気になったのがつやのつき方です。私はつや消し塗装が好きなのですが、逆につやを部分的に着けると質感の幅が広がるので、クリアーラッカーをかなり薄めて脚とハサミにエアブラシで吹きました。次に最後まで封印してあった胸の反射板の塗装です。塗装にはGSIクレオスの「Mr.メタルカラー クロームシルバー」を使おうと思います。何やら塗った後こすると金属光沢が出るようです。

マスキングしてこの色を吹きました。乾いた後、綿棒や布で磨くと良い感じに金属感が出ます。

次はハサミのネジを締めなおし、ネジ隠しパーツでふさぎます。上の画像はネジ隠しパーツの裏側なんですが、一応数字が彫ってあります。バルタンの右腕の右端から1234の順番です。だいたい数字がハサミと垂直に着くようになっています。ネジをきつめに締めると、反対側のネジが飛び出てくるのですが、そこを砥石付きポイントなどで削らないと、このパーツは合わなくなります。また、合わせた後もパテで修正するので、結局このパーツを使わない方が手っ取り早いかもです。

上の画像は、ネジ隠しパーツを使った物（左）と使わずにパテだけで埋めた物（右）です。パテ埋めのみの場合は、周りの形に合わせて形作ればOKです。

さてこれでバルタン星人二代目完成品製作記は終了です。最後に初代バルタンとのツーショットを1枚！

バルタン星人二代目の思い出

最初は、出現ポーズのみのはずでした。いきなり巨大化して現れたシーンは、とても印象的でした。その感動を形にしたくて原型作業は進んでいました。原型製作中は、いろいろな資料やシーンを見ながら作業しているのですが、

「やっぱり、スペシウム光線をはじき返すこのシーンは、最高だよね」

独り言をいっているわけですが、原型のポーズを変えてみて遊んでいる私がいます。

「これだと下半身が全然違うポーズだから、兼用は無理か」

あきらめて作業を続けます。

「うわ〜頭と目だけじゃなくて、ハサミの中のキレイな青い光、いいな〜これ」

独り言をいっているわけですが、原型のポーズを変えてみて遊んでいる私がいます。

「これだと下半身が全然違うポーズだから、兼用は無理か」

あきらめて作業を続けます。

「まてよ、下半身をもう一つ作れば、反射ポーズと攻撃ポーズの両方が兼用できそうだぞ」

知らぬ間に下半身だけ別に作り始めている私がいます。

「うわ〜こりゃ反射ポーズと下半身兼用の攻撃ポーズで、作ったほうが面白いかも」

もうほとんど出来上がっている出現ポーズの原型を見ながら

「こうなったら3ポーズで出そう！」

ということで、この無謀な企画が誕生したのです。

完成品 GALLERY
宇宙忍者バルタン星人二代目編

IMIT-
ULTRAMAN

ニセ・ウルトラマン完成品製作記

IMIT-ULTRAMAN

ニセ・ウルトラマン完成品製作記

ニャンコロメ「あ〜ら、いや〜ね〜」
私「またまた、棚の上の暖房効きまくりの場所でネコろんでないで、仕事しなさいよ」
ニャンコロメ「というわけで、ニセ・ウルトラマン完成品製作記のはじまり〜はじまり〜だにゃ」

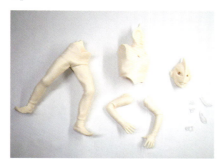

　さて、ニセ・ウルトラマンのサンプルが上がったので、まずパーツ全体の画像です。全部で11パーツ？　とっ、何か足りないなあと思ったら、耳に付けるスイッチパーツがぬけていました。スイッチパーツは、1mmの丸線なので、レジン成型では無く、プラ棒を使うことにしました。長めの状態で同梱しておきますので、製作時に切って接着してください。
　まずは、湯口、バリ取り作業です。私はいつも通りカッターナイフとダイヤモンドポイントで湯口とパーティングラインを消していきますが、いつもと違うのは、怪獣のように表面モールドのないツルッとした表面処理なので、いつもの怪獣とは違い、削りすぎないよう慎重に作業を進めていきます。洗浄後、気泡埋めや段差処理、接合面処理などでパテを使用するので、この段階では、完全にパーティングラインを消さなくてもいいかと思います。段差が大きい場合などは、削りすぎてプロポーションが変わってしまったら厄介です。また、パーティングラインとモールドとして彫刻してある溝線が重なる部分などがあったりするのとモールドの細かい皺は浅めなので、削りすぎないほうがいいかと思います。とりあえず紙ヤスリの中目（400番ぐらい）で削った部分の後処理をしておきました。完全に綺麗にならすのはサーフェイサーを塗った時でいいかと思います。

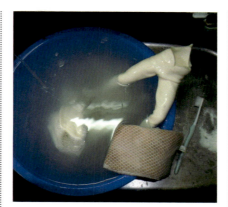

　次に洗浄作業です。今回は粉の花王ホーミングクレンザーを使ってみました。使ってみて思ったんですが、脱脂能力的にはカネヨソフトクレンザーの方がいいような感じがしました。いつもの怪獣と違いモールドの奥までこする必要が無いので、食器洗い用のスポンジにクレンザーをゴッソリ（かなりタップリ）付けてゴシゴシ始めました。全体的にスポンジをかけ終わったら次に歯ブラシを使いチェックしながら部分的にゴシゴシします。蛇口からはチョロチョロお湯が出ていて、常にお湯で流しながら、水がはじくかどうかチェックしながらの作業になります。透明レジンなどの細かいパーツも丁寧に歯ブラシとクレンザーでゴシゴシします。最後に充分お湯で濯いだら、乾かします。

私「さっきよりさらにだらけモードに入ってるし〜」

ニャンコロメ「こにゃにゃちは〜　だんだん組みあがっていくと思うとワクワクしますにゃ〜」
私「ほっ、ほんとかよ〜」

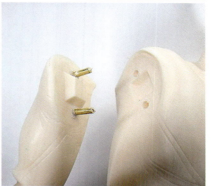

　続いては接合面処理を始めます。2mmのシンチュウ線を打ち込みをしますが、その前に接合面がピッタリ合うかどうかチェックします。合っていない部分があったら、削って合わせます。次に2.2mmのドリルで印の場所に穴を開けます。片側だけにシンチュウ線を打ち込み瞬間接着剤で固定します。もう片側は3mm〜4mmぐらいの大きめな穴を開けておけば、ピッタリ合う位置があると思います。

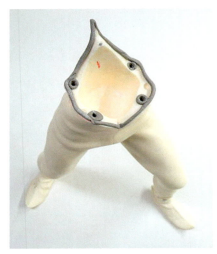

　次は電飾キットの場合ですが、胴体の接合面は電池交換の為、取り外し可能にするので、エポキシパテを使い接合面をピッタリ合わせます。胴体側にシンチュウ線を打ち込んで固定してありますので、下半身側の外側に沿ってぐるっと1周エポキシパテを瞬間接着剤で付けていきます。また、シンチュウ線がはまる穴にも同じようにパテをつけて、穴が分かるようにしておきます。

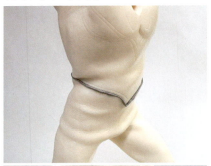

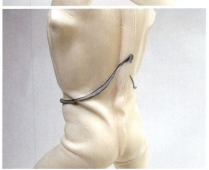

　胴体側の接合面には、離型剤（ワセリン、メンソレータムなど）を全体（シンチュウ線にも）に塗り接合面を圧着します。するとエポキシパテがニュルニュルとはみ出してきます。

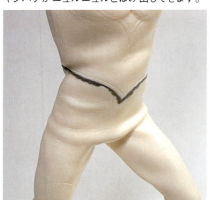

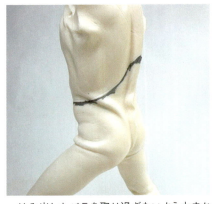

　はみ出したパテを取り過ぎないよう大まかに取ります。そして水などを使い指で滑らかにします。

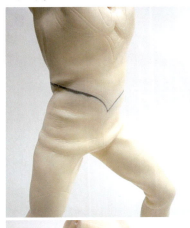

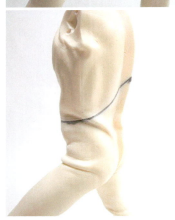

　後はパテが固まってから、表面処理をします。まずは大まかに紙ヤスリの240番ぐらいで削るか、バルタン星人二代目の製作時に紹介した布ヤスリをリューターに巻いて使うやり方で余分なパテを削ります。そして、スポンジヤスリの400番ぐらいで表面をならします。

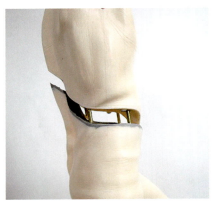

　次に接合面を引っ張って外します。充分に離型剤（ワセリン、メンソレータムなど）を塗っておけば、取れるはずです。切り離したら、接合面が綺麗なラインになっているかどうかチェックします。なっていない場合は、さらに削るかエッジの部分だけスポンジヤスリなどでならすかして、接合面を綺麗なラインにします。と言うのは、ペイントの際、ここがちょうど色の変わる部分だからです。ココは黒と赤の境目なので、少しの隙間があっても黒なら目立たないだろうという狙いもありました。

　切り離すと上の画像のような感じです。

　取り付けやすいように、シンチュウ線の先をダイヤモンドビットか砥石のリューターで丸めておきます。

　一応、接合面のパテが足りなかった部分にパテを足しました。

ニャンコロメ「いよいよ次はサーフェイサー塗装ですにゃ。またあのシンナーの良い匂いがかけると思うとウットリしちゃうにゃ〜」
私「そっ、そっちかよ〜」

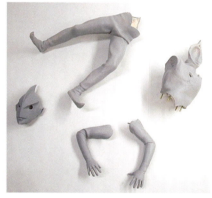

次は、良い匂い？のサーフェイサーを吹きます。いつもの怪獣で使っているGSIクレオスのサーフェイサー1000の筆塗りとは違い、同じくGSIクレオスのサーフェイサー1200の缶スプレーを使いました。

この状態でパーティングラインのチェックをします。ウルトラマン系は、シルバーを多用するので、パーティングラインが残っているとかなり目立ちますから、この段階で念入りにチェックします。240〜400番ぐらいの紙ヤスリでパーティングラインのあった所を綺麗にならします。その後、仕上げに400〜600番ぐらいのスポンジヤスリを使いました。

老眼の目を凝らして作業していると、小さな気泡を発見したりします。気泡は、リューターなどで、穴を広げておき、そこにエポキシパテを埋め込みます。次の2枚の画像がそうです。

ビフォアー

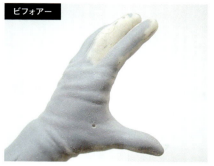

画像は穴を広げた所です。

アフター

硬化後、ペーパーでならします。

パーティングラインを消していて、細かい皺などがなくなってしまった場合の対処法として、上の画像のような千枚通しやヘラなど金属製の先のとがった道具でなるべく寝かせて押し付けるようになぞっていけば、皺を付け足せます。傷を付けるのではなく、へこませていく感じです。その際、滑って傷を付けないよう注意してください。下の画像はその例です。

ビフォアー

アフター

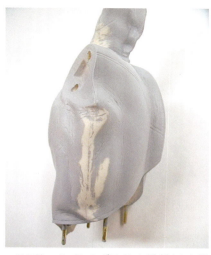

ここは、パーティングラインと彫刻された溝がかなり近くにある為、パーティングラインを消す際に溝が消えてしまうかもしれませんので、もし消えてしまった場合は先ほど紹介した方法で、溝を付け足してください。

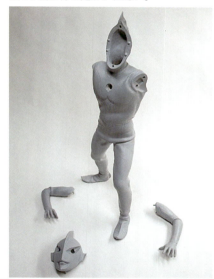

修正したパテが固まって、再度表面処理が終わったら、サーフェイサーを吹きます。均一な色になれば、また気泡やバリなどが見つかるかもしれません。チェックしてみてOKなら、次の作業に移ります。

ニャンコロメ「さてさて、次はいよいよ色付けですにゃ、マスキングは時間がかかりそうですが、仕上がった時は、感動物ですにゃ！」
私「おおっ、たまには良いこと言うのね」

いよいよペイント始めま〜す。毎回書いてますが、ペイントはどうしても主観的になってきてしまいますので、あくまでも参考程度に見ていただければ幸いです。まあ主観的などと言っても、結局あっさり軽めの塗装しか出来ないのですが…。

さてニセ・ウルトラマンの赤をどう表現したらいいのか、悩みましたが他の方の製作で始めに黄色を吹いている時があったので、私もその方法でやってみようと思います。黄色はGSIクレオスの「イエローFS13538　ブルーエンジェルスカラー」と言う長ったらしい名前の色を使いました。それをシンナーで薄めながら、フラットベースも混ぜました。赤くなる部分を見逃さないようにひと通り吹いたのが上の画像です。胴体と下半身は別々に吹いています。

次に赤色を作りました。なるべく鮮やかな色が良いかと思いGSIクレオスのオレンジにモンザレッドを1/3ぐらい混ぜてみました。そして半つやがいいかと思いフラットベースを少々混ぜました。

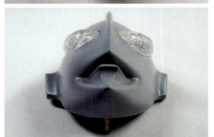

さて次は本体をちょっと置いておいて、透明レジンパーツの目を進めていきたいと思います。まず目の接合面にあるパーティングラインを削ってならします。目頭と目尻の形が決まっているので、目の位置決めは大丈夫です。取り敢えず顔にはめて見てください（次の画像）。もし目のアールが、合っていない場合は、ドライヤーで目のパーツをよく温め、柔らかくなったら顔に押し付けて合わせます。

その時、目頭と目尻を押さえるようにして合わせれば、顔の曲面に合ってくると思います。最終的には、接合面にパテ盛りして隙間を埋めるので、多少の隙間があっても大丈夫です。この後、ペイントしやすいように目の表面をスポンジヤスリの600〜1000番ぐらいでならしておきます。

次に眼球の中に設置する電球パーツ2個とカラータイマーのインナーパーツにキャラクターホワイト（スプレー缶）を吹きました。この部分は電飾してみないと分からないのでとりあえずという感じです。あっそうそう、言い忘れましたが、カラータイマーのインナーパーツもカラータイマーと一緒に胸にはめてみて、ぴったりつくかどうかチェックします。多少カラータイマーが浮いて付くようなら、インナーパーツとカラータイマーがあたる部分を削って合わせます。

これが今回の電飾キットです。

3個のLEDのどれでもOKですので、2個の電球パーツを瞬間接着剤で接着します。顔にはめてみて、セロテープで仮止めします。この上にスイッチが設置されるので、LEDの電線は画像のように下に曲げておいた方がいいかもです。

スイッチ用の配線をつなぎ点灯チェック！

次に目のパーツのペイントです。いや～ここは目玉だと言った手前、下手なことは出来ないな～と思いつつもなかなかイメージ通りに行かなかったです。いろいろなパターンや塗り方を試しました。例えば、内側は塗るか塗らないか？塗るならどんな色でどの辺か？顔側の反射板は必要か？それとも明るい色を塗って反射させるか？銀紙を使ってみたりもしました。ああだ、こうだと言ってみても結局は、いつものやり方が最強だと気が付きました。そうです、電飾してLEDを光らせながらのペイントです。資料を見ながら、クリアーオレンジ、クリアーイエロー、クリアーレッド、クリアーブルーを所々においていき、にじませたり、ぼかしたりシンナーで薄めたり、接合面に塗ってみたりして、上の画像のような感じになりました。結局、目の内側には何も塗らない方が良かったです。すべて表側だけのペイントです。また顔側には何もしていません、サーフェイサーのままです。

しかしこのペイントだと目の端から光がもれるので顔との接合面にもペイントした方が良いことが分かりました。ですので、もう一度初めから塗り直しました。その様子を順番に画像にしました。

さらに塗り重ねます。

そのまま顔に付けてみると…

さらに塗り重ねて、ライトON！

さらに塗り重ねてほぼ完成。この後、エナメルのクリアーを2回吹きました。

次に目のクリアーが乾いたので、顔に接着しパテ埋めします。一番上の画像はパテ埋めした所で、その次の画像は、240番と400番の紙ヤスリで顔の表面をならした所です。パテ埋めは、爪楊枝にパテを適量とって、パテ埋め箇所にしっかり付けていくのですが、その際、爪楊枝を転がすように押し付けていくと、しっかり付くと思います。

すいません、どうも電飾キット中心で話が進んでしまいます。電飾キットで無いノーマルキットの方のために光らせていない画像を撮ってみたのが前の画像ですが、どうも今回は電飾キットとは塗り方を変えたほうがいいかもですね。これだとオレンジの面積が多すぎですね。目の下側の面は、もっと黄色か透明の部分を増やしたほうがいいです。目の中の白く塗った電球パーツは、残念ながらほとんど効果はない（光っているようには見えない）みたいですが、その周りの面にアルミホイルを貼ってみたり、白く塗ったりすれば、効果的だと思います。次は電飾しない場合の作例です。

まず顔側に白くペイントしました。

143

電飾キットの時と同じように接合面にもペイントします。

そして塗り重ねていくのですが、中の白が引き立つように薄めにペイントし完成。

上の画像は、電飾キットの光っていない状態（左）と比較した物です。これだけ色の濃さが違うのですね。あくまでも私の作例なので、ペイントに自信のある方は、個々に工夫してみてください。

ニャンコロメ「なんとか着々と進んでいますにゃ」
私「はい、お蔭さまで…」

カラータイマーのペイントは、いたって簡単です。シンナーで少し薄めたクリアーブルーの中に浸した後、余分な塗料を落としたら、紙などの上で乾かします。これで両面にきっちり色がつきます。明るさはインナーパーツの白いペイントの塗り重ねで、調整できますので光らせてみて決めてください。

カラータイマーの色が乾いたら、マスキングします。すいませんこの後、光漏れ防止用の黒を塗ったんですが、写真撮り忘れました。光漏れ防止用の黒は、光らない部分全部（裏側も）に塗った方がいいです。確認の為インナーパーツと合わせて、光らせて見た方が良いと思います。

そして、とうとうマスキングの時間です。細かい作業になるので、ジックリ時間をかけて丁寧に作業を進めます。上の画像は、0.7mm幅のマスキングテープと1.5mm幅のマスキングテープでラインに沿って貼っている途中の様子です。カーブが急な部分は、なるべく細い0.7mmを使いました。

マスキング作業が終了したところです。やはりかなりの時間が経過しています。正確には、目のペイントでいろいろ試している時から合間を見て進めていました。

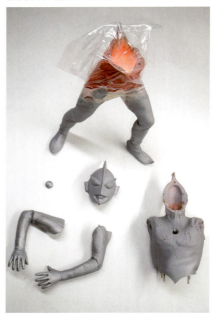

いよいよシルバーを吹きます。空いたビンにシルバーをシンナーで薄めながら、ホワイトとフラットベースを微量混ぜた色を吹きました。

２回ぐらい吹いて、塗り忘れが無いようチェックしたら、黒いラインの部分を吹くので、マスキングを付けたして、フラットブラックを吹きました。塗料が乾いたら、いよいよマスキングテープをはがします。ワクワクしながら反面、塗った色がはがれやしないかハラハラしながら、焦る気持ちを抑えつつゆっくり、丁寧にはがしていきます。画像では分かりづらいですが、あちこちにはみ出したり、マスキングテープの隙間から入り込んでしまったりしている部分がたくさんありました（汗）。修正用に吹いた色をとっておいて良かったです。

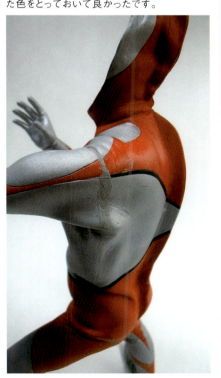

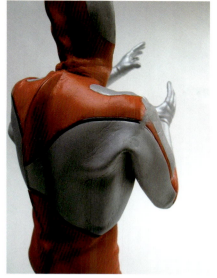

腕の接着です。ここは初めから着けてもいいのですが、わきの下など塗りにくい部分がありますので、別々に塗装しました。すでにシンチュウ線が打ち込んでありますので、反対側の穴にエポキシパテをつけ瞬間接着剤を使い接着、隙間をエポキシパテで埋めていきます。

右側の接合面は、ちょうど皺の境目なので、パテでそれなりに皺などを足してみたりします。

皺ではなくて、色の塗り分けのラインですが、ココだけ埋まっていては変なので、溝をつなげました。使用したのは、上の画像の鉄ヤスリです。「甲丸」と言うのですが、反面が丸くなっていて、もう片側が平らになっているヤスリです。このヤスリの角を使って、溝をつなげます。

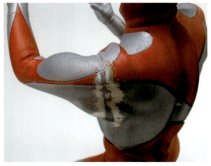

溝を彫ってつなげた所です。

紙ヤスリや皺付けなどの修正後、部分的にマスキングしました。この後、残してあったシルバーを吹き、赤の部分もマスキングして吹きました。

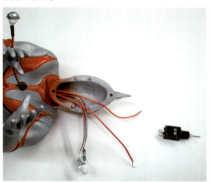

次は電飾キット設置です。上の画像のように、まず上半身に電飾キットを入れて、カラータイマーの穴にLEDを通し、他のLED2個とスイッチ用配線を顔側に通します。そして、事前に明るさ調整と光漏れチェック、また胴体にピッタリ合わせてあったカラータイマーとインナーパーツにLEDを瞬間接着剤で接着します。同じく目の電球パーツとLEDも接着します。

次にスイッチに電線を接続します。スイッチをあまり熱くしすぎないようにハンダ付けします。カラータイマーと目の電球パーツを接着します。上の画像のようにスイッチONして、光漏れが無いようパテで隙間を埋めながらしっかり固定します。そして、余ったパテをスイッチ設置部分に着けておきます。この後、スイッチも接着します。

145

　この後の画像を撮っていませんでしたが、スイッチの取り付け位置は上の画像です。いつものようにスイッチは可動部分がありますので、接着パテ埋め後、ちゃんと可動するかどうか確認してください。またパテが柔らかいうちに上半身パーツと合わせておきましょう。パテが固まりしっかり固定できたら、再度スイッチ可動チェックをしてOKなら、上半身パーツに接着し隙間をパテ埋め修正します。

　表面のつや調整の為、目とカラータイマーにマスキングしてからGSIクレオスのトップコート（半光沢）を吹きました。目とカラータイマーには、エナメルのクリアーを吹きます。

　汚し効果やスミ入れ効果が得られるかどうか不安でしたが、この後いつものようにタミヤエナメルでシンナー多めのつや消し黒を全体的に塗り、キッチンペーパーやティッシュで拭き取りました。微妙に古びた感じになり使い古し感がでたかもしれませんが、画像では分からないです。これから先の領域は、製作される方々のセンスや遊び心、技術などが、生かされるかと思いますので、ぜひとも楽しんでいただけたら光栄です。耳のスイッチは、付属のプラ棒を耳の穴に差し込んで、ニッパーで丁度良い長さにカットしてください。切り口をヤスリ掛けしてならし接着します。電飾キットの場合は、左耳のスイッチが電飾スイッチになりますので、右耳のスイッチだけ接着してください。最後にシルバーを塗って完成です。

　これでニセ・ウルトラマン完成品製作記は終了です。

COLUMN　コラム　私の日常　散歩編

　朝起きたら体操と散歩をしています。50代半ばですので、体のあちこちにガタが出始めています。ちょっと前には、ギックリ腰やっちゃいましたし月2回ぐらい歯医者通いもしてます。健康には気を付けないと、『ウルトラマン』コンプリートの目標を達成できませんからね。

　体操の後、テクテク歩き出します。写真は、緑の多い所を選んで撮っていますが、実際は住宅街がほとんどです。

　20分ぐらい歩くと目的地の公園につきます。池の周りに樹木が生い茂り、プチ森林浴ができます。

　ここでも体操してから帰途につきますが、お楽しみは、これからです。

　帰り道の並木道です。ここはすべて桜の木なので、花見の季節はメチャクチャ綺麗です。

　しばらく歩いていくと、お楽しみのパン屋さんがあります。

　外にテーブルとイスがありそこで食べることができます。ここは、パンを買うとコーヒーが無料で飲み放題なんです。

　この写真は何をしている所か分かりますか？毎日ここを通るたび必ずしてしまうのですよ。

　答えは、車に写る横向きの私のお腹の出具合をチェックしているのですよ（笑）。夏の暑い日も冬の寒い日も雨や雪が降っていなければ、散歩しています。ちなみに歩いている距離は、往復約4kmです。人の歩く速度は、時速約4kmですが、私はだいたい40分ぐらいですので、結構早歩きなわけです。一定の時間以上早歩きをすると、有酸素運動になり痩せられるのです。

　そうです、私が歩いている主な理由は、痩せたいからです。歩く前からと比べると、7kgぐらいの減量にはなっていますが、あと2kgぐらいは痩せたいと思っています。

「体にいいこと、なにかやっていますか～」

完成品 GALLERY
ニセ・ウルトラマン編

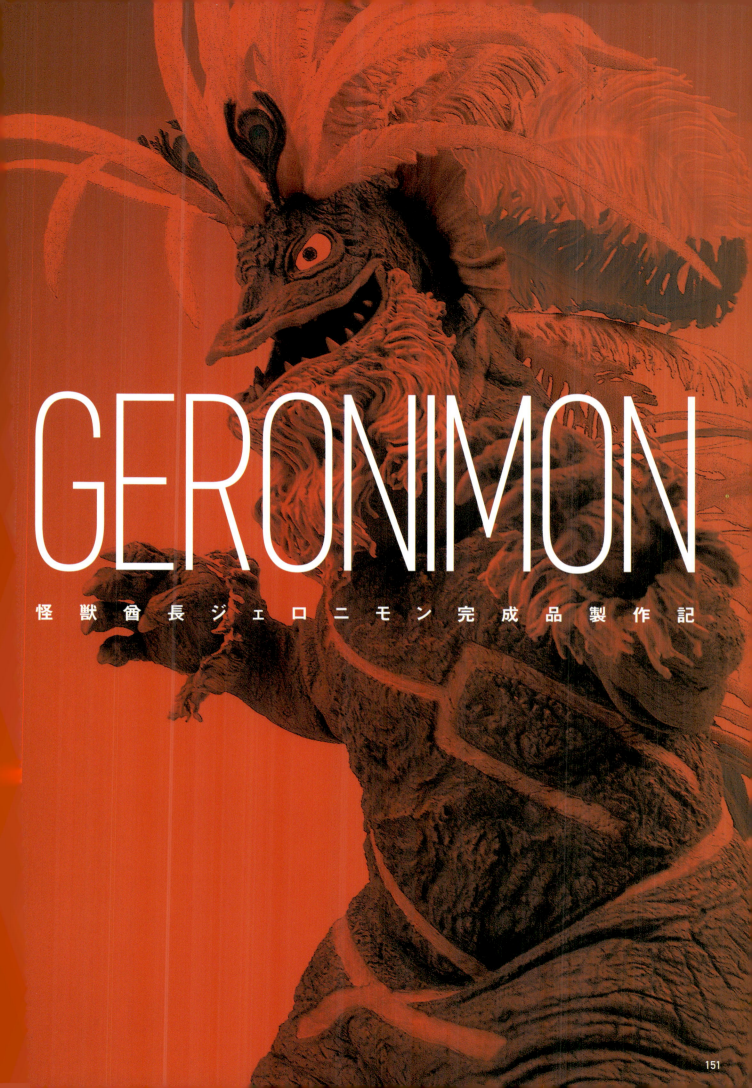

GERONIMON

怪獣酋長ジェロニモン完成品製作記

GERONIMON

怪獣酋長ジェロニモン 完成品製作記

ニャンコロメ花は、この暑さの為ネコバテしておりますので、先に進めていきたいと思います。

いや〜こやつは、すでに高額なキットではありますがこの金額でも、すべてのパーツを業者による真空成型や遠心成型で行なうと、売り上げのほぼ全額が業者さんの方にいってしまうという前代未聞の見積もり結果が出たので、出来るだけ安くするために常圧成型を増やしこの金額で決定したところまでは良かったのですが、原型製作だけではなく、シリコーン型製作的にも「ハンパネ〜」です。やはり業者さんがあの見積もりを出したのもある程度納得せざるをえないという現実が〜約一ヶ月かかって、やっとようやく型ができサンプルを抜くことができました。業者さんの方からもようやくサンプルが上がってきたので、やっとすべての抜きあがりサンプルが揃いました。ワンフェスまで刻一刻と近づいていますので、そろそろ焦り始めていますが、とりあえず上がったサンプルのバリ取り、湯口取りをしました。

なんせ羽根の数が「ハンパネ〜」ので、間違わないようビニールに小分けしてあります。原型、型取りにハンパなく時間がかかっていますので、当然完成品製作にも同じように時間がかかりそうです。バリ取り、湯口取りだけでも何日か、かかってしまいました。この後もハンパなさそうな離型剤落としクレンザーゴシゴシが待っています（笑）。

やたら「ハンパネ〜」を連発してますね〜。最近ラジオで聞いた歌が、耳から離れないもんでつい出てしまいました。

さて、それではハンパネ〜と思われる離型剤落としからです。まず胴体、顔、脚、手などいつものパーツはいつも通り、粉のクレンザーを歯ブラシにつけてゴシゴシで終了ですが、毛の部分だけは慎重にかけました。ちなみに歯ブラシは、細目で柔らかめを使ってます。

楽しいのは、やはり歯ブラシで歯を磨くときかな〜。歯の悪い私にとって、こうやって上アゴと下アゴが取れたら、磨きやすくていいのにな〜と思います（笑）。

さて残すは、ハンパネ〜と思われる羽根です。歯ブラシクレンザーでは、大変なので何かいいものはないかと調べていたら、こんな物が目に留まりました（上の画像）。何でも自分でやってみるまでは、信用できない性格なので、買って試してみましたところ、どーも効果が良くわかりませんでした。いつも水がはじかなくなればいいと思ってやってましたが、これらを使ってみても、水ははじいたままです。この後、中性洗剤で洗ってみても水ははじいたままです。結局、クレンザーでゴシゴシやってやっと水がはじかなくなりました。

ならば「最初からクレンザーだけでいいじゃん」というわけで、今回はクレンザーを3種類試してみました（上の画像）。さてさてどれが、一番でしょ〜か〜？条件をなるべく同じようにして、同じようにゴシゴシやって一番効果があったのは〜ニューサッサでした〜ピンポ〜ン〜ピンポ〜ン♪ クレンザーの通常の用途ではなく、あくまでもこのレジンキットの離型剤落としに限ってのことですけどね。

と言うわけで、羽根洗浄の説明をするより、百聞は一見にしかずで、上の画像のようにしてゴシゴシやりました。小さい羽根は、青いタライの縁の平らな所があったので、その上でゴシゴシやるとやりやすかったです。

大きい羽根は、手のひらに乗せて裏から押さえながらゴシゴシやりました。水をチョロチョロ出しながら、水はじきを確認しながらの作業になります。歯ブラシの持ち方は、画像の様に持って、手前から外側にこする感じがやりやすいと思います。結局終ってみると、ハンパネ〜ほどの時間はかかりませんでした。確か2〜3時間ぐらいだったかと思います。

それでは組み立てです。まず下半身をしっかり安定させて接着いたします。上の画像は、尻尾、脚、足パーツに2mmのシンチュウ線を打ち込んだ所です。

　合いにくい場合は、胴体の方の穴を3mmのドリルで大きめの穴を開けて合わせます。シンチュウ線を使わなくても接合面のダボにより合わせることが出来ますので、強力なエポキシ系接着剤のみで付けてもいいでしょう。順番としては、まず尻尾をピッタリ接着してから、ヒザの接合面を接着します。脚と足の接合面は、まだ接着しない方が後々ペイントしやすいかと思いますので、今回はシンチュウ線で合わせるだけにしておきました。尻尾の裏の平らな部分と、足の裏が地面に接していれば、OKです。足の毛は、多少変形して浮いている部分があったら、ヒートガンか強めのドライヤーで温め、地面に付くように修正しておきます。

　次に腕と手の接着です。脚と同じように、シンチュウ線を打ち込みました（上の画像）。そうそう、そう言えば、パーツ割が変更になり、両手の親指が別パーツになりましたので、親指の接着をします。ここは瞬間接着剤のみで接着しました。腕と手はペイントしやすいように、まだ接着しません。

胴体側の穴は、大きめの穴（3mm）を開けて合わせましたので、前の画像の様にパテで隙間を埋めて接着しました。

腕を接着し手をはめた状態です。

さて次は顔周辺パーツですが、ここは今の段階では、あまり接着できません。

接着できるとしたら、ヒゲパーツぐらいなので、接着しちゃいます。

次に下アゴにシンチュウ線を打ち込みます。そのまま付ければ、開き口になります。

上の画像のように、顔の下の面と合うように合わせます。

合わせたのが上の画像です。

　次に閉じ口です。ここでスペーサーパーツの出番ですね。同じようにシンチュウ線を打ち込みますが、下アゴは差し替えではなく、選択なので、どちらかの口に決定した時に、接着することを前提にしてあります。ですので、この段階では、顔と下アゴの接合面のシンチュウ線は接着しません。

顔側に開けた穴は、閉じ口の時も同じ穴なので、2mmより3mmの方が融通がきいて良いと思います。

スペーサーが上の画像のように顔の下の面と合うようにします。

スペーサーと下アゴを顔につけて、本体と合わせると、ヒゲパーツが当たってしまいます。やはりヒゲパーツが多少歪んでピッタリ合っていないようです。ヒゲパーツは、もう接着してしまったので、上の画像のように赤い部分を少し削ります。

パーツを削る作業はリューターの刃で、粗めの布ヤスリが巻きついたポイントを使いました。

削った後の画像です。

試しに、下アゴを合わせてみました。

接合面には、瞬間接着剤を流してありますので、エポキシパテで隙間を埋めていきます。

後から削ってモールドを整えますので、エポキシパテは少し多めに盛っておきます。

パテが固まったら、リューターにダイヤモンドポイントをつけて表面を整えます。この時にシワなどをつなげたり、気泡を埋める作業も一緒にやっておきましょう。

パテ埋めが終わったら、サーフェイサーをいつものように薄めて筆塗りしました。今回、羽根は明るくて鮮やかな色を出したいので、サフ抜きでいこうと思います。ヒゲやキバ、耳も基本色を塗った後、シンナーでそれなりに剥がしてレジンの色を生かして塗る予定です。

次は基本色作りです。ペイント歴はまだまだ浅いのですが、せっかく作ったのに、使わないで余っている基本色がたくさんあって、たまる一方なので、それらを寄せ集めて作り吹いたのが上の画像です。ですから、カラーレシピ的には不明です、すいません。色的には、紫系グレーという感じで、暗すぎず明るすぎず。もちろんつや消しですね。

羽根の無いジェロニモン……子供ながらに、羽根をむしられハゲてしまった怪獣酋長を見て爆笑したのは、私だけではないと思います。そんなコミカルな部分も初代マンの面白い所ですよね。

次に顔の中です。まず光漏れ防止用のつや消し黒を顔の裏側とインナーパーツ全体に塗りました。続いてインナーパーツの歯の部分と下アゴの歯の部分と舌につや消し赤を吹きました。黒の上に塗る所は何回も重ねて吹きます。

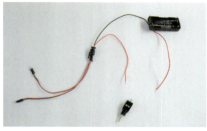

と、ここら辺で今回の電飾キットの画像です。

胴体に顔とスペーサーパーツを付け、二色目を吹きました。汚れなのか、塗装なのか分かりませんが、薄茶の明るめの色をまだらに吹いていきました。

155

ヒゲ、耳、手の毛、脚の毛、背ビレの部分をシンナーで剥がしました。全部綺麗に剥がすわけではなく、奥まった所は残しながら、なるべくグラデーションっぽくなるように剥がしています。できれば剥がした部分にはプライマー等をかけておけば、塗装が剥がれることは無いと思います。

次にマスキングテープと新聞紙でマスキングしました。

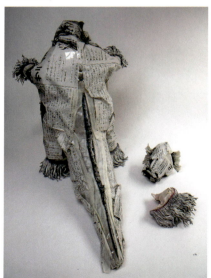

なんか、違う怪獣でこんな奴がいてもいいかなぁ〜なんて。

毛の部分と背ビレには白、耳には少し赤を混ぜた黄色をつや消しで吹きました。マスキングを剥がし、胴体に黄色のラインを筆塗りで入れました。この黄色は、耳の黄色とは違いますので、白を混ぜた黄色を使いました。

背ビレには、赤い模様の当たりを付けてみました。また毛の白に汚し効果で、極薄くした茶を吹きました。ここまでの色は、すべてつや消しなので、フラットベースは良く使います。上の画像で少し分かりますが、背中の羽根がつく部分は、本体の色とは違い黄土色で部分的に吹きました。

黄色のラインは、きっちりとした直線では無く、ぼかしか、すれたような感じにするため、原型のラインは少し細めになっています。ペイントする時に、黄色をいかにもペンキで雑に塗ってはみ出した感を出す為、原型のラインからわざとはみ出して太めに塗ります。

次にかなり多めのエナメルシンナーにフラットブラックを少量混ぜた色を全体にジャブジャブ塗り、キッチンペーパーやティッシュで軽く拭き取ります。黒が溝に流れ込むと全体に黒くなるので、全体の色がここでしまりますね。

　背ビレは、エアブラシで赤と青を画像の様にグラデーションぽく帯状に吹きました。本当は、透明レジンが良かったのですが、コストがさらにハンパネ～ことになるので、断念しました。

　これで胴体部はほぼ完成ですが、エナメルで陰影をつけた毛の部分と黄色のライン部は、ちょっと暗くなりぎみだったので、黄色も白も上から筆で塗り足しました（すいません画像撮ってないです）。口の中は、歯の部分をリューターの砥石ポイントなどで、磨くように削ったり、シンナーで溶かしたりして、レジンを出します。多少赤が残っている方が、味になったりしますので、綺麗に全部剥がさないです。その後、前ページで作ったエナメルの黒系を塗り、同じく拭き取ります。

　さて次は、眼球です。まずは白を吹きます。あっそうそう、透明レジンはいつもスポンジヤスリで表面を荒らしてましたが、今回ニューサッサを使って歯ブラシでゴシゴシやった方が、塗料の"のり"が良いことに気が付きました。

　電飾キットの場合は、上の画像のようにインナーパーツをマスキングして、目の部分だけ両面テープで固定し光らせながら、白を吹きます。微妙なムラでも光らせた時に目立ちますので、均一になるよう慎重に吹きます。この作業だけは毎回慎重になりますが、失敗したらシンナーで落としてやり直せばいいだけのことです。OKならラッカー系のクリアーを2～3回吹いておきます。

　LEDの光はかなり明るいので、裏側にも二回ほど吹きました。

　次はいよいよ黒目です。ここからは、エナメル系塗料を使います。黒目は外側が茶色く中が黒という感じですので、まずは、外側のこげ茶を面相筆で塗ります。電飾キットの場合は、眼球に浮き出ている黒目より少し大きめに入れたほうがいいと思います。もちろん資料を見ながらのペイントになります。はみ出した場合は、綺麗に洗った面相筆を使い、少しエナメルシンナーを含ませ、はみ出した色を溶かしながら、消していきます。私の使っているのはタミヤエナメルですが、GSIクレオスのラッカー系塗料を溶かさないので、修正が可能です。しかし、薄っすらとエナメルの色が残るので、気になる場合はその周りにも同じように色をつけて目立たないようにしたりします。黒目の位置や大きさ、そして形が、いかに資料通りかによって、似てくるかどうかが決まりますので、いろいろな方向からリサーチしたほうがいいですね。

　ここで白目の大きさを小さくするというおなじみの作業です。今回は、眼球の上側だけ少しエポキシパテを盛りました。上の画像がそうですが、エポキシパテが同じような色なので、分かりにくくてすいません。右目は、上まぶたと眼球の隙間が開いていたので、そこをピッタリになるようパテを盛りました。

　左目は、上まぶたの中心から後ろの方にかけてパテを盛りました。

　次に何度も確認し完成した眼球に透明クリアーを塗って仕上げます。使ったのは、水性トップコートの「光沢」です。3回ぐらい塗りました。

資料を見ても良く分からないのですが、どうも頭の羽の付け根部分が赤かったりするんですよ。特に左後頭部あたりが、赤いかも？ですので、羽根をつける前でないと、塗れませんから今のうちにつや消し赤を塗っておきます。

電飾キットの取り付けも羽根を付ける前の方がいいと思いますので、あらかじめ配線をつなぎハンダ付けしておいたスイッチを設置します。スイッチのシンチュウ線は、長めにしてありますので気になる場合は、ニッパーでカットしてください。ハンダ付けした金具は、曲げておいた方が、電池BOXが入りやすいです。電飾キットを加工込みで購入されたキットには、スイッチ設置場所に、エポキシパテを盛って加工してあると思います。注意点は毎回同じですが、スイッチの可動部分に接着剤やパテがつかないよう注意しながら、接着してください。瞬間接着剤でつけた後、さらにエポキシパテなどで隙間を埋め周りを補強してください。

コネクターを外しておけば、上の画像のように、頭と胴体を切り離すことが出来ます。画像では分かりませんが、すでに胴体の中に電池BOXが入っています。

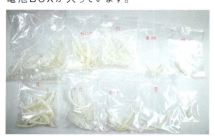

さて、いよいよ羽根ですね〜。羽根には、すべて番号が彫ってありますので、設置場所も付ける向きも決まっていますが、ペイント時にはどの羽根に何色を塗るかという問題があります（汗）。インストには、すべての羽根の位置と色を記載してありますが、色に関しては製作者の好きなように塗っていただくのが一番だと思いますので、あくまでも参考程度にしていただければ幸いです。上の画像は、色ごとに分けて、ビニールにまとめた所です（ちなみにキットの羽根の梱包とは違います）。

まず吹いたのは、赤の羽根。使った色はモンザレット＋フラットベースです。もともとかなり鮮やかな赤ですが、サフ抜きですから余計鮮やかですね。

時間的にかなり切迫していたので、赤のペイントしか作業中の画像はありません。すいません。しかし、塗り終わった画像は、かろうじて撮ってありました。孔雀の羽根パーツは、基本緑色で筆塗りです。中心部が青色で、その上が緑、その上に黄色をぼやけた感じで塗りました。画像、小さくてすいません。ん〜こうして全部見ると、オレンジと赤の違いが弱いかも〜。

上の画像は、すべての羽根を塗った後に尻尾の先から、接着しながら修正も同時にしている所です。羽根を瞬間接着剤で接着した後、隙間をパテで埋めるのが普通ですが、今回時間的余裕が無かったので、「魔法の粉」を使いました……。

上の画像、背中の羽根のつく部分は、黄土色が弱かったので、塗り足しました。あと背中の羽根も下から接着していった方が良いです。接着しちゃうと何番まで付けたか、分からなくなっちゃいますので、一気につけちゃった方がいいかも。

「魔法の粉」の正体は、紙粘土の粉でした〜。これは私が勝手に「魔法の粉」と言っているだけですが、瞬間接着剤を隙間に流し込みこの紙粘土の粉を振りかけると、あっという間に固まるのです。粉を振り落としながらすぐにリューターで修正できるのです。隙間が広い場合は、さらに繰り返し接着剤を流し、粉をパラパラとかにリューターで面を整えるの繰り返しで、かなり早く作業が進みます。シッカロール、ベビーパウダーでも同じ効果があると思いますが、私は原型を作っているので、たくさんの紙粘土の粉をとってあります。羽根を全部つけてからだと、修正し難いと思いますので、羽根をつけながら、粉で接着と修正をしていきました。

相当慌てていたのか、画像はこれでおしまいです、すいません。後は完成品画像を見ていただければ幸いです。この後の作業は、羽根を全部つけた後、色の修正をし顔を組み立ててから、目をマスキングし、トップコートのつや消しを全体に吹いて完成です。組み立ての時に書き忘れたのですが、開け口と閉じ口は、選択式ですのでどちらかに決めて接着が望ましいのですが、両方楽しみたい場合は、下の画像のようにシンチュウ線を付け替えれば、とりあえず両方楽しむことは可能です。しかし閉じ口の場合、下アゴとスペーサーパーツはシンチュウ線でつながっているわけではないので、磁石などで補強したほうがいいかもしれません。

閉じ口

開き口

「いや〜しかし、何から何までハンパネ〜怪獣だったにゃ〜」

ジェロニモンの思い出

いまだに「ハンパネ〜」と言い続けている私が手掛けたキットのナンバーワンがこのジェロニモンです。何のナンバーワンかと言いますと、原型製作辛かったで賞ナンバーワン！複製辛くて涙が出たで賞ナンバーワン！業者の見積もり額ナンバーワン！完成品製作、この羽根いったいどうするので賞ナンバーワン！製品化まで時間がかかりすぎで賞ナンバーワン！まあそんな感じです。これをやったお陰で、それ以降の仕事がみんな楽に思えました。
「今のうちにやっておいて良かった、もうこれ以上大変なキットはないでしょう」
　これが正直な感想です。当時、皆様にもたくさんの励ましのお言葉をいただきました、本当に感謝しております。そのおかげで、乗り越えられたのだと思います。ただ、一点だけ今だから言えることとして、羽根はもちろん大変でしたが、実は髭、手の毛、足の毛の方もそれと同じくらい時間がかかっているのです。よく見ていただけると分かるかと思いますが、ウーの時の毛よりもかなり細かく造形してあるんです。今度このジェロニモンキットを見た時に、ふと思い抱いていただければ幸いです。

完成品 GALLERY
怪獣酋長ジェロニモン編

ULTRAMAN A Type

ウルトラマンAタイプ完成品製作記

ULTRAMAN (AType)

ウルトラマン Aタイプ 完成品製作記

いや～なんかムシムシしてきましたね。夏本番になる前にウルトラマン完成させたいです。どうも私はムシムシした夏が苦手で、作業もなかなか進みにくくなるんですよ。さてさて、ウルトラマンAタイプの抜きあがりサンプルが上がったので、完成品製作記を始めたいと思います。上の画像は、デラックス版のパーツを一通り並べたところです。画像では、スイッチパーツ（プラ棒）だけ抜けていますね。

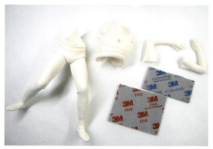

パーツのチェックが終わったら、湯口やバリ取りです。道具はニッパー、カッター、リューター、紙ヤスリなどを使います。怪獣と違って表面がツルツルなので、パーティングラインのバリや凹みがとても目立ちます。色も銀色なのでさらに目立ちますから、念入りに取りたいところです。バリや凹みが深めの所は、ココですべて取らずに後でサーフェイサーを塗った時にパテ埋めも兼ねて修正したほうがいいと思います。

表面ツルツルな面を整えるのに一番使い勝手が良かったのが、スポンジヤスリです。スポンジヤスリの240番～320番相当と、800番～1000番相当の物を使って表面をならしていきました（上の画像）。今回の原型の溝彫りのラインは浅めにしてありますので、ペーパー掛けでなくなってしまう場所もあると思います。またシワなどの表面処理の部分の修正の仕方は、後ほど説明します。

次に洗浄です。いつものように粉のクレンザー（ニューサッサ）をたっぷり使い歯ブラシでゴシゴシやりました。

私の愛用歯ブラシは、細くて柔らかいやつなので、すぐダメになっちゃいますね（笑）。また、歯ブラシが入り難い所やパーツが小さすぎてやり難いパーツなどもあります。

そこで、こやつを使ってみました！ ジャ～ン

電動歯ブラシの効果はいかに！ 使ってみると、顔の内側やカラータイマー、インナーパーツなど細かいパーツには最適でした。水がはじいている所を細々とチェックしても即座にこやつがゴシゴシとやっつけてくれるので、とても良いです。

がっ、しかし～さすがの電動歯ブラシも電球パーツの大きさでは難しかった～。
仕方が無いから、電球パーツは、スポンジヤスリの細かめのやつでゴシゴシやりました。

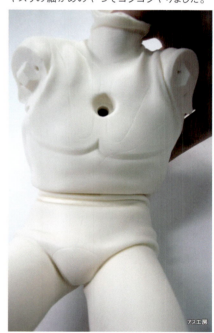

次は組み立てです。まずは下半身と胸の接合面からです。ここは電飾キットの場合、電池交換のため取り外し可能にする場所ですので、しっかり合わせておきたいところですが、接合面が平らではないため、シンチュウ線打ち込み時に接合面に垂直に穴開けするのが難しい場所でもあります。まずは、穴開け前に合わせてみます（上の画像）。背中のトンガリ部やダボ穴がガイドになっていて合うはずですが、合わないとしたらバリや湯口がまだ残っている可能性がありますので、チェックしてみてください。少しの隙間などの場合は、シンチュウ線をつけた後に紙ヤスリを挟んで刷り合わせしてもいいかと思います。最終的にはエポキシパテでピッタリ合わせます。

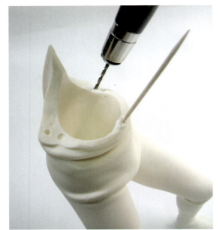

穴を開ける場所は、いつも通り印がついていますので、その位置に開けます。穴を垂直に開ける方法として、私は爪楊枝を使い3つのシンチュウ線が平行になるように穴開けしました。

シンチュウ線（2mm）を、胸側の前面の穴から瞬間接着剤で接着していきました。一ヵ所ずつ合わせていけば、着実に合わせられると思います。合わせやすくするために下半身の方の穴は、3mm以上の大きめの穴を開けておきます。それでも合わない場合は、穴をもっと広げていきます。

シンチュウ線2本目。

シンチュウ線3本目。

とりあえず合わせ完了。後でエポキシパテを使いもっとピッタリ合わせます。ここは接着しないので、しっかりはまるようにしておくためです。

次は顔と胸です。ここは、最終的に接着する場所なので、強力な接着剤ならシンチュウ線無しでもかまいませんが、私はいつものように瞬間接着剤＋エポキシパテ作戦でいきます。まずは接合面を合わせてみます。次に穴開け(二ヵ所)です。一ヵ所ずつシンチュウ線をつけて合わせます。

シンチュウ線打ち込み二ヵ所完了。

顔パーツを取り付けてみてとりあえず完了。ココで気が付いたのですが、頭のてっぺんの後頭部側の接合面がチョット足りないようです。接着後にパテ埋めする時に修正しようと思いますので、やり方はその時に説明します。

続いて腕と胸です。ここも最終的に接着ですので、シンチュウ線は使っても使わなくてもどちらでもかまいません。また、今の段階では、まだ接着しないほうがいいかもしれません。接着してしまうと、この後の作業がやり難くなるからです。まずは仮に合わせてみて大丈夫なら、一ヵ所ずつシンチュウ線を接着していきます。

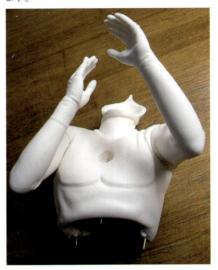

ここは何度かつけたり外したりしそうなので、立させてみた時、取れないようにパテなどで穴を埋めて、きつめにしておくといいかもです。

カラータイマー周辺のパーツ合わせです。上の画像の左からインナーパーツ、電球パーツ、カラータイマーです。

まずインナーパーツに電球パーツがちゃんと収まるかどうかのチェックをします。3つの出っ張りが有りますので、それに合わせてはめてみます。

結構中まで入ると思

カラータイマーは、その上に被さるように取り付けます。カラータイマーの裏にはダボ穴が1個あって、電球パーツの真ん中の出っ張り部にはまり、位置決めしやすいようにと思っていたんですが、細かいパーツのゴム型成型なので、かなり余裕をみていた為、あまり意味は無かったようです。

要するに、ダボ穴の位置を合わせて位置決めすれば良いということですが、透明ではわかりづらいので、スタンダード版用アイボリーパーツで合わせて見ました（上の画像）。画像のようにカラータイマーの裏の内側に一ヵ所丸く凹んでいるのがダボ穴です。

胸にはめてみるとこんな感じです。

次に顔周辺のパーツ合わせをしてみます。

湯口やバリをちゃんと取ってあれば、大体合うはずです。接合面にはダボがありますので、位置決めもすぐ分かると思います。接着は瞬間接着剤、エポキシパテ、またはマジックムースなどで大丈夫だと思います。

まずはデラックス版からです。口パーツを合わせてみます。

次に目のインナーパーツ。これは左右でAとBの字が彫ってあるので、間違えることは無いと思います。というか、間違っても合わないですし（笑）。

次に電飾キットの場合のスイッチ固定用のインナーパーツです（上の画像）。電飾キットの場合は、電飾加工により右耳の後に、穴が開けられていますが、そこに洋白線が付いたスイッチが合うようになっています。一応1.2mmのプラ棒も付属しています。電飾キットで無い場合は、右耳の後に1.2〜1.3mmの穴を開けて付属の1.2mmのプラ棒を接着します。

スイッチが付くとこんな感じ。

次に目のインナーパーツと電球パーツです。

合わせてみたところです。

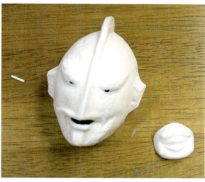

スタンダード版の場合は、口パーツとスイッチパーツのみです。

口パーツを合わせてみました。

表側はこんな感じ（上の画像）。顔の真正面で光をあてこの角度から見れば、中の口が分かりますが、完成させると顔は下向きになるので、もっと分かりづらくなると思います。

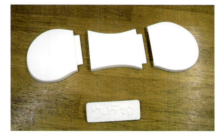

さて次は、デラックス版の組み立て式ベースの組み立てです。

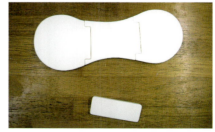

裏から見るとこんな感じ。

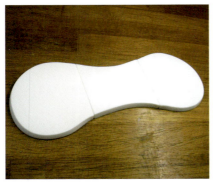

まず平らな台の上で、ベースを合わせます。次に瞬間接着剤を隙間に流し込みます。この時、流しすぎて台にくっつかないように気をつけます。

完全に接着されたらエポキシパテを隙間に押し込みながら埋めます。少し多めに盛っておいたほうがいいかもです（上の画像）。パテがくっつかないようビニールの上に置きました。

裏も同じように強度が気になる場合は接合面の両端にシンチュウ線を打ち込めば、完璧でしょうね。

パテが余ったので、胸パーツのシンチュウ線がしっかり付くように穴の隙間をパテ埋めしました。この後、パテが固まったら、余分なパテを削っておきます。ベースの方は、パテが固まったら、ペーパー掛けですね。

さて、待ち焦がれていた電飾キットBの試作品が届きました。上の画像が、電飾キットB（3分間カラータイマー仕様）の全パーツです。一部電線が付け足してありますが、それ以外は製品版とほぼ同じです。電飾キットBの場合、カラータイマーはLEDに色がついているので、ペイントしない予定です。

早速、電池を入れてスイッチ用電線をつないで見ました。まず白いLEDが2個と青いLEDが1個点灯します。2分後、青いLEDが消えると同時に赤いLEDが点滅しはじめます。30秒後、赤い点滅が早くなります。さらに30秒後、すべてのLEDが消灯します。そして…1分後、初めから繰り返し。ん〜どうも、真っ暗な状態（ウルトラマン戦闘不能状態）が長すぎると感じました。これでは、点いてるのか消えてるのか分からなくなりそうです。よって、設定変更することにしました。アス工房HPの電飾キットBの説明では、「右耳の後のスイッチオンで、目が光ります。カラータイマーは、青の点灯後、赤の点滅、点滅の速さは二段階です。3分後に消灯し1分後から繰り返されます。」と、なっていましたが、この1分を15秒に変更することにしました。

上の画像は、電飾キットA（点灯仕様）です。スイッチオンで、白のLEDが3個点灯する仕様です。カラータイマーは、青か赤にペイントしてください。光らせたまま長く飾っておくにはいいかと思います。

さて作業の方は、パテが固まったので、ベースのペーパーがけからです。まずは粗めの紙ヤスリ100番で、ひたすらスリスリ。この段階で、段差は無くしておきます。

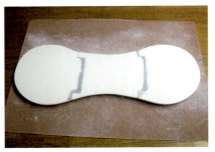

裏返してスリスリ。

徐々に細かめの番手に変えていきます。サイド面も面がつながるように削ります。

最終的に1000番ぐらいまでかけて綺麗になったら、とりあえず終了で次はサーフェイサーです。

裏はこんな感じ。

さて次に取り外し可能にする下半身と胸パーツの接合面のパテ処理です。胸側の接合面に離型剤を筆で塗ります（上の画像）。シンチュウ線にもタップリ塗りました。この離型剤は、R.C.ベルグさんのシリコーン型用ワセリンタイプの離型剤です。かなり長く使える離型剤です（何年も使ってるのに全然減らない笑）。これ以外にワセリンやメンソレータムでも良いかと思います。

パテは、GSIクレオスのエポキシパテ「エポパPRO-H(高密度タイプ)」を使っています。主剤と硬化剤を1対1で混ぜるタイプです。

まずエポキシパテを練って、細くひも状にします。

下半身側の接合面に瞬間接着剤を付けながらパテを付けていきます。シンチュウ線の穴にもしっかり付けます。

そしてパーツ同士を合わせて強く押し付けます。するとムニュムニュとパテがはみ出してきます。たくさんはみ出したパテは取り除き、しっかり付くよう指で押さえます。

パテが完全に固まったら、リューターや紙ヤスリ、スポンジヤスリを使って、平らにならします。

表面に段差などがなく、面が滑らかにつながったら、下半身と胸パーツを離します。いつも思うのですが、「もし取れなかったらどうしようか」って(笑)。でも、大丈夫です。バキッ、という具合に思い切ってやれば綺麗に外れます。上の画像は、外したばかりの接合面です。

接合面をはめてみながら、シンチュウ線の先をダイヤモンドポイントで丸めたり穴の入り口を少し広げたりしてスムーズにはめたり外したりできるようにしました。もちろん、はめた時はしっかりはまり、落ちることはありません。あと、お腹側など、はめると手が入らない場所等は、よく見ながら余分なパテを削りました。接合しない部分などは、紙ヤスリで綺麗にしました、スッキリした感じです。

再度合わせてみてチェックします。そうそう、接合面に塗った離型剤は、塗装が剥がれたら困るので、必ず中性洗剤やクレンザーで丁寧に洗っておいてくださいね。

次はサーフェイサー塗装です。まず胸と下半身の接合面周辺だけ吹いてみました(上の画像)。サーフェイサーは、GSIクレオスの「Mr.サーフェイサー1200(徳用)」の缶スプレーを使いました。

すると気泡を発見しましたので、ここで気泡の早くて簡単な埋め方を紹介することにします。まずリューターで気泡の穴を広げます。

　次に瞬間接着剤を穴につけて、その上からベビーパウダー(シッカロール)をふりかけて、指で軽くこするとパウダーが固まり穴が埋まります。強くこすったり叩いたりするより、軽い力でこすった方が良いみたいです。まだへこんでいる場合はこれを再度繰り返します。

　次に紙ヤスリやスポンジヤスリで表面をならします。

　ヤスリをかけたらサーフェイサーを吹いて再度確かめます。どうやら大丈夫みたいですね。エポキシパテやポリパテで埋める方法だと硬化まで待たなければならないですが、この方法なら、数分で固まりますのでとても早いです。ただ大きい気泡や穴、段差などの場合は、やはりパテの方がいいかと思います。

今度は全体にサーフェイサーを吹きました。

次は腕にサーフェイサーを吹きました。

　もちろんベースにも。マスクの中の口パーツとウルトラマンプレートは、筆塗りで仕上げたいので、サーフェイサー無しでいこうと思います。
　サーフェイサーを塗ることによって、気泡、段差、バリなど微妙な所まではっきり分かるようになりますので、気になるところがあれば修正します。この時点では、まだすべてを組み立てるわけではないので、接合面など接着する部分はできませんが、出来る所だけでもサーフェイサーを吹いておけば、後々楽です。

　次に顔の目の部分にマスキングテープを貼りました。

　もちろん裏も。裏はへこんでいる曲面にテープを貼るので貼りにくいです。私は大きめのマスキングテープを目の形で二周り大きめに切り、綿棒で押さえて貼っていきました。

　今回顔は、ボディのウエットスーツとの色合いの違いを表現したかったのと、顔の微妙なディテールがサーフェイサーで埋まっちゃうのがいやだったので、サーフェイサーを塗らないことにしました。でも光漏れ防止用のつや消し黒は塗りました。

こちらも裏までしっかり塗装。

さていよいよウルトラレッド（仮名）を作ろうと思います。いつも書いてますが、色に関しては参考程度に見ていただければ幸いです。上の画像のように資料本の色と比べながら、ウルトラレッドを作っていきました。写真の中の陰でも明るい所でもなく、一番色の鮮やかになる部分の色に合わせます。思った以上に黄色が強いようです、キャラクターイエローを一瓶使い、それにモンザレッドを混ぜていきながら、写真の色に近づけていきました。紙に塗るときは、濃いめに塗って乾いた時に見比べます。結局、
キャラクターイエロー6、モンザレッド3、黄橙色1
という感じでした。あまりテカテカはいやなので、フラットベースも混ぜています。また、モンザレッドではなく、レッドでもいいかと思います。

上の画像2枚は、作った色を吹いている所ですがまだ途中です。

ひと通り塗ってみた後、どうも黄橙色過ぎる感じがしたので、モンザレッドをシンナーで薄くしたものをもう一度吹きました。多少まだらに吹いてみましたが、画像では全然分からないですね。

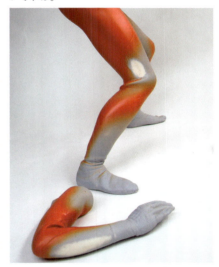
とっ、まだパーティングラインが残っていましたので、スポンジヤスリで修正しました。

この赤は、どんなものかとニセ・ウルトラマン（製作記はP.138より）に来てもらいました。ん〜かなり黄橙色になってるな〜ていうか、ニセマンが赤すぎだったみたいですね（汗）

ニセマンで思い出したのでその時に書いた記事を引用します。

パーティングラインを消していて、細かい皺などがなくなってしまった場合の対処法として、上の画像のような千枚通しやヘラなど金属製の先のとがった道具でなるべく寝かせて押し付けるようになぞっていけば、皺を付け足せます。傷を付けるのではなく、へこませていく感じです。その際、滑らせて傷を付けないよう注意してください。

前の記事は浅めの溝でしたが、深めの溝を彫る場合は鉄ヤスリを使いました。

片面が平らでもう片面は軽いアールがついています。

このヤスリの角を使って溝を削っていきます。上の画像のように背中の溝では、溝をつなげるのに重宝しました。他にも体のライン彫りなどにも使えるかと思います。

次はおそらくウルトラマンの完成品製作では、もっとも時間がかかるマスキング作業です。何か良いアイテムはないかと思い近くの模型店に行くと、良さそうなのを見つけました（左の画像）。スクエアの「ハイグレードマスキングテープ」。これは幅5mmで、この他にもっと細いのが数種類あるのですが、売り切れてました。意外と高価ですが、売り切れるってことは、良い商品だろう、太めだけどカッターで細く切って使えばいいかと思い購入しました。

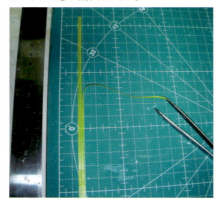

このように細く切って使うことにします。

その他に買ったのは、アイズプロジェクトの「ミクロンマスキングテープ」幅0.4mm。このシリーズは、この他0.7mm、2.5mmも購入しました。

あとはGSIクレオスの「Mr.細切りマスキングシート」。1枚のシートではなく、指定の幅（1mmと2mm）でカットしてあります。

このように必要な分をはがして使います。

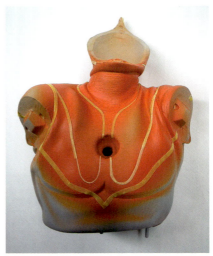

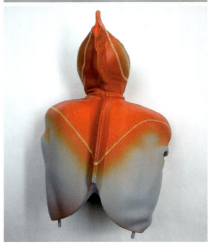

それぞれのマスキングテープを使ってみたのが、上の画像二枚。曲線曲面が上手く貼れたのは、アイズの0.4mmです。結局、アイズの0.4mmとMr.細切りマスキングシートの1mmと2mmが使いやすかったです。粘着力、柔軟性も申し分ない感じです。

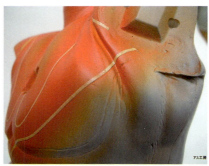

そうそう、作業中に気が付いたんですが、ラインが分かりづらい場所がありました。

あともうチョット、ラインを丸くした方が良いと思った場所がありました。マスキングテープの位置が修正後の場所です。

次に下半身です。腿の部分は、アイズの0.4mm。ヒザから下は、Mr.細切りマスキングシートの1mmを使っています。

アウトラインが決まったら、太いマスキングテープをいろいろな形に切ったりしながら、隙間を埋めていきました。

上半身と同じく、隙間を埋めていきました。腰の部分は、画像のようにビニール袋で覆っちゃえば、OKですね。

あとは腕も同じように。やはりマスキング作業は、時間がかかりますね〜。

次にウルトラシルバー（仮名）を作ります。とは言ってみたものの、シルバー、スーパーシルバー、シャインシルバーなどを塗ってみた所、どうもただのシルバーが一番いいような感じがしましたので、ただのシルバーを使いました。混ぜたのは、微量のホワイトとフラットベースだけです。最終的にはつやの統一の為、半光沢のトップコートを吹く予定なので、つやや光り加減は調整できると思います。もう一部を除いてマスキングしてありますので、エアブラシで吹きました。上の画像は、マスキングテープを剥がした所ですが、ご覧のとおり、隙間からシルバーが入っていたり、境界線がずれていたりで修正箇所があります。まあいつものことですので、気にせず残しておいたウルトラレッド（仮名）を筆塗りで修正します。

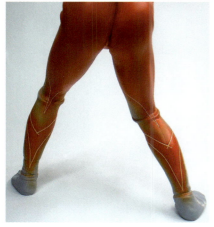

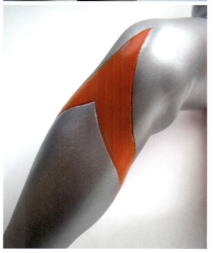

以前指摘されたことのあるV字ゾーンのマスキングです。キットには一応ラインが入っていますが、V字の先端部分が消えて分かり難いので、上の画像を参考にしてください。マスキングテープの上のラインが境界線になります。ここは、奥まっているのと大きなシワの中にあるので、分かりづらいですが、マスキングテープを貼っていくと分かりやすいです。補足ですが、色の境界線の溝部分の色は、赤かシルバーかどちらの色がいいかといいますと、断然！赤がいいです。シルバーだと光の加減でそのラインが光り、ラインの溝が目立ってしまうからです。

175

次にマスキングテープを上の画像の様に張り巡らしてからウルトラシルバー（仮名）を吹きました。

仕上がりはこんな感じです。

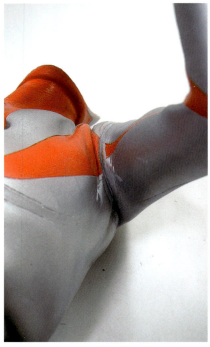

腕の接着です。瞬間接着剤をしっかりつけて接着し、隙間をエポキシパテで埋めます。パテが固まったら、リューター、紙ヤスリ、スポンジヤスリなどを使い面をつなげていきます。特に銀色の部分は、しっかりやっておかないと目立ちます。消えたラインの溝は、前のページで紹介した鉄ヤスリを使い線をつなげます。上の画像はリューター修正後、サーフェイサーを塗ったところです。

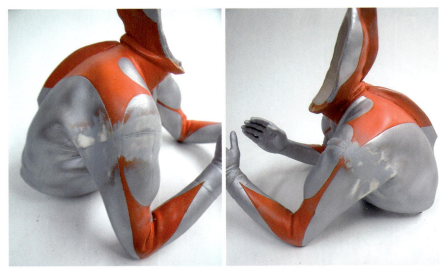

左腕の内側は、接合面がシワの溝になってて、赤いラインは、シワに隠れて繋がらない場所です。

マスキングやペイント作業が楽だからと腕は接着しませんでしたが、この手間を考えると、ペイント前に接着しても良かったかもです。この後簡単なマスキングをして、作ってある色を吹きマスキングを剥がしました。これでやっと、本体部分がほぼ仕上がりました。

次にいつものお約束と言いますか、エナメルの汚し＆陰影つけ塗装をしました。タミヤのエナメル塗料のつや消し黒をエナメルシンナーでかなり薄め、ジャブジャブと全身にハケ塗りしキッチンペーパーなどで、拭き取る作業です。エナメルなので下地のラッカーは溶けません。溝などに黒が流れ込み陰影がつきます。少し黒ずむので、使い込んだ汚しの効果も出ます。その後、乾いてから、トップコートの半つやをかけました。少し色が落ち着きつやもまとまりました。これで本体塗装完了です。

次に顔です。シルバーという色は、思った以上に表面の起伏を強調するようなので、やはりサーフェイサーを吹くことにしました。

その後、シルバーに白とフラットベースを少量混ぜた色を吹きました。胴体に塗ったシルバーより白とフラットベースを多めにしてみました。やはり表面の起伏が強調されて見えるようです。特に鼻筋の起伏が少し目立つ感じです。

鼻筋にサーフェイサーを塗ってから、軽くペーパーがけした後、再度シルバーを吹きました。シルバーは、ただのシルバーをビンのまま使いました。

とっ、上の画像2枚の色を見てふと思ったことが…、「あまり黒くなるのがいやなので今までシルバーに白やフラットベースを少し混ぜたりしましたが、シルバーのみの方が明るいじゃん」ということです。白を混ぜたから明るくなるとは限らないのですね、シルバーという色は、奥が深いですね〜。顔のシルバーは、本体につけてみて、色が合っているか確認しておきます。OKならば、マスキングテープをはがします。

今度は、目の周りにマスキングです。

目の着色は、クリアー5に白4＋クリアーオレンジ1＋クリアーイエロー1ぐらいかな〜 シンナーで薄めてエアブラシで吹くので、薄っすらと色が付く感じです。乾いた後、クリアーを2回吹きました。

マスキングをはがすとこんな感じです。この後、目の裏側にもクリアーを筆塗りしました。

さて次はカラータイマーです。まずはマスキングです。

光漏れ防止用のつや消し黒を吹きました。

次にウルトラシルバー(仮名)を吹きました。

裏にはクリアーを筆塗りしました。
電飾キットBを選択した場合、中のLEDが青と赤なので、カラータイマーは着色できません。今回の完成品もそうですから、さてどうしたものか。また本物のようなバキュームフォーム成型ではないので、どうしてもレジンの厚みがあります。カラータイマーの内側のモールドを生かし、レジンの厚みをフォローする為にもカラータイマーの表面にはなんらかの色を付けておきたいと思いますので、目と同じような色を薄っすらと吹こうと思います。ということでまずはマスキングです。

色を吹いてマスキングをはがして終了。電飾キットBではない場合は、ここでクリアーブルーかクリアーレッドを塗ります。

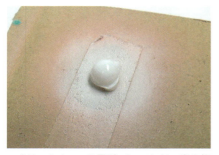

カラータイマーの電球パーツには、光を抑えるためと均一に光るようにする為、白を薄く吹きます。

次に口です。まずは肌色を吹きます。

さらに歯の白と唇のピンクを筆塗り。

仕上げにエナメル塗装です。エナメルシンナーで薄めた黒を筆塗りしてから、ティッシュペーパーで、拭き取れば完成。

顔にも同じくエナメル塗装しました。そして、口パーツを接着。

この角度だと唇がかすかに見えます。

この角度で歯が、かすかに見えます。

ベースは組み立てとサーフェイサー吹きまで終わっていたので、ここでシンチュウ線を打ち込みます。まず好みの位置にウルトラマンを置いて位置決めしたら、足の形を鉛筆でなぞり、かかとの部分中心あたりに印をつけます。

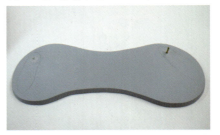

次に穴を開けます。そしてウルトラマンを合わせながら、穴の裏から足裏に細いペンで印をつけます。ウルトラマンの足裏にも穴を開けます。そしてシンチュウ線をベースに垂直に打ち込み接着します。片足ずつ設置していった方が確実です。後はウルトラマンをはめてみて、もう一方の足に穴を開け、シンチュウ線を打ち込み接着すればOKです。

ベースのペイントをしました。色はつや消し黒にしました。

次にウルトラマンプレートのペイントです。塗装にはMr.メタルカラーのクロームシルバーを使ってみようと思います。

そのまま吹いたらこんな感じ。ところでこの塗料、エアブラシで使うとつまりやすいようですね。ムラに気をつけて筆塗りの方がいいかもです。

塗料のうたい文句通りこすってみました。

ウルトラマンプレートとベースは、他にもいろいろなペイントが出来ると思いますので、自由に楽しんでいただければ幸いです。次にいよいよ電飾キットBのセッティングですね。上の画像は、残りのパーツです。

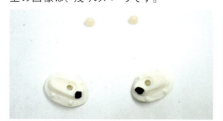
目の透明電球パーツは、目に塗った色にクリアーオレンジと白を足して作った色を吹きました。また、目のインナーパーツの覗き穴部には黒を筆塗りしました。

電球パーツは、顔の裏から光らせながら、自分好みの色に変えていけばいいかと思います。私は、電球色の柔らかい光にしてみたかったので、クリアーオレンジとクリアーイエローを吹きました。

LEDにはめるとこんな感じです。

顔にあててみると、こんな感じ。OKなら先に進みます。

次に目のインナーパーツにプレートのペイントで使ったメタルカラーを塗り磨きました。光の反射効果は期待できないですが、とりあえずという感じです。リューターに切った綿棒をつけて磨けば早いですよ。

しかし今回は、反射面を紙ヤスリで綺麗にならしてからの方がよかったですね。

次にLEDをインナーパーツにはめてから、電球パーツをつけます。電球パーツは、LEDがはまるようになってますので、奥まではめて瞬間接着剤で接着します。すいません、画像撮り取り忘れました。続いて顔に取り付けます。AとBそれぞれの場所に、黒く塗っておいた覗き穴部が合うように合わせてみます。ダボ穴がしっかり合うようにしたら接着します。この後スイッチ設置の際に、じゃまにならないようにLEDの電線を顔側に倒し、鼻筋あたりに電線を押し込んでおきます。私は忘れてたのですが、この時点でLEDとインナーパーツの隙間をパテ埋めしておきましょう。光漏れ防止とLED固定のためです。

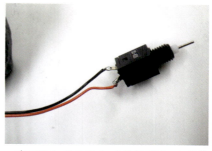
次にスイッチにスイッチ用電線をハンダ付けします。スイッチがあまり高温にならないよう、短時間でサクッとハンダ付けします。

スイッチ設置用パーツにスイッチをはめます。スイッチの電線金具は、画像の位置の方が後々収まりやすいかと思います。

ピッタリ奥まではまっているのを確認し、瞬間接着剤で接着します。

スイッチを顔に取り付けてみます。スイッチの洋白線を耳の後ろの穴に入れていく感じではめれば入ると思います。スイッチ設置用パーツがダボ穴にしっかりはまった時、どこかが当たっていなければOKです。もし当たっていたらどこなのか確認し修正します。スイッチの電線金具が当たっている場合は、金具を曲げてください。

179

スイッチ設置用パーツを接着しパテで補強します。この時、スイッチ可動部分を接着しないよう注意してください。スイッチを押していくとカチッと音がしますので、カチッとならない場合は、どこかが当たっているか、ちゃんと合っていないかだと思います。また、スイッチにつけてある洋白線が長い場合は、ニッパーで切ってから紙ヤスリなどで切断面を丸めてください。

次に顔を上半身に瞬間接着剤で接着します。

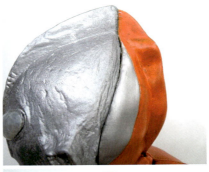

はじめの頃にも書きましたが、頭のてっぺんの接合面が足りないので、パテ埋め時に多めにパテを盛ってください。

パテが固まり、リューターや紙ヤスリ、スポンジヤスリなどで整え、とっておいた色を塗りました。

さて次はカラータイマーですね！順番が前後しますが、顔周辺と別にした方が分かりやすいかと思い別にしました。実際は同時進行でいいかと思います。

胸のカラータイマーの穴に短めのLED2本を1本ずつ通します。LEDは、電線の短い2本（電飾キットAの場合1本）が、カラータイマー用のLEDです。次にカラータイマーインナーパーツを通します。そしてカラータイマー電球パーツをLEDにはめます。この時、LEDの平らな部分が合わさる向きで電球パーツにはめてください。

それにカラータイマーをかぶせて光らせてみます。電球パーツには白を吹いてありますが、その濃度は薄めで、LEDの赤や青の色がどんな色に光るかをこの時点で確認します。もし濃すぎたりする場合でもシンナーで落とせば、何回でもペイントできます。接着した後では、もう変えられないので、この時点で納得いくまで調整しておきましょう。また、先にペイントした目の光り具合とも合わせてOKなら先に進みます。

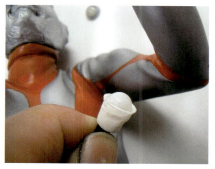

カラータイマーをインナーパーツにはめます。前に説明した通り中に押し込みます。ここが入りきらないとカラータイマーが合いません。

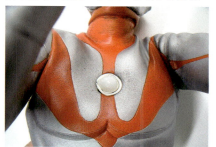

胸にはめてみます。

カラータイマーをかぶせてみます。前に説明したように、位置は出っ張りが上下にくる位置で、裏側のへこみがウルトラマンの右側にくる位置ですね。OKならカラータイマーとインナーパーツだけ接着します。胸にはまだ接着しません。

引っ張り出すとこんな感じ。

胸にはめて光らせると光が漏れてるのが分かりますね!

光漏れ防止用のつや消し黒を塗ります。

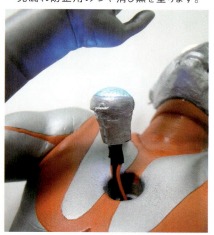

さらに銀色も塗り、改めて光らせてみると…今度は大丈夫みたいですね。

エポキシパテは、胸にはめる前にカラータイマーの付け根あたりにぐるりとつけてから胸に押し込むと、余分なパテがニュルッとはみ出てきますので、それを取りながら整えます。

この後、とっておいたレッドとシルバーで修正して完成です…とっ完成品写真を撮っていて、どうもカラータイマーの色と光り方が気になりだし、とうとう、一回接着したカラータイマーをなんとかはがし、色の再検討が始まってしまいました(大汗)。原因は、LEDの青が青すぎること。カラータイマーの中のモールド効果が見え難いこと、写真に写った色が実際の色とかなり違うこと(これは直しようがない)、などが挙げられます。

いろいろなパターンで試行錯誤した結果、まずはカラータイマーの電球パーツの色を変更することに。塗ってあった白をシンナーで剥がしイエロー(FS13538)をエアブラシで吹きました。これは濃すぎず薄すぎずという感じです。吹き方は、布で他の部分を隠し、光らせたり消したりしながら吹きました。

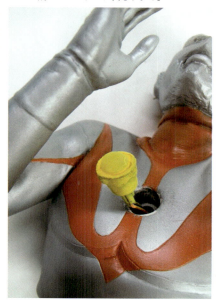

布をはずし本体にはめて、光らせてみました。

そしてカラータイマーは、裏側にクリアーイエローを薄く筆塗りしました。

表面に塗ってある色は、シンナーではがし透明にしました。この後、トップコートの光沢を吹いておきました。

この後は、前記の通り接着しパテ埋め色修正で終わりです。いや〜いつもそうですが、電飾キットはホント！光らせてみないと分かりませんね〜。毎回なにかしらあるもんな〜（笑）。せっかくの電飾キットなので、納得がいくまでやりたいですもんね〜。

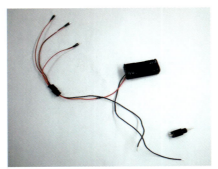

追記：電飾キットAの場合。電飾キットAは点灯のみで、カラータイマー用LEDは白色1個です。

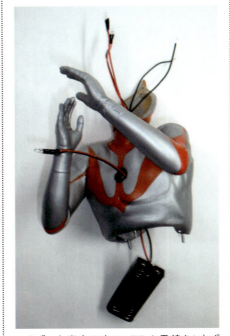

まず、上半身の穴にLEDや電線を1本ずつ穴に通します。

顔周辺は、電飾キットAもBと同じです。上の画像は、目のLEDをセットしパテで補強した所です。この後、スイッチを設置します。スイッチに付いている洋白線は、長めにしてあるので、もし長いと思ったら、ニッパーでカットしヤスリで切断面を丸めてください。

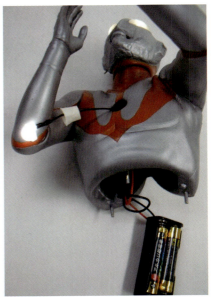

まず、インナーパーツに電線を通してから、電球パーツにLEDをつけます。カラータイマー用LEDは1個なので、電球パーツの二つの穴のどちらかに接着します。そしてとりあえずライトオン。

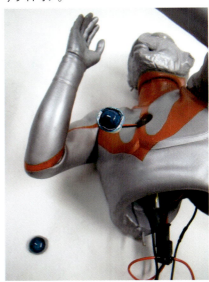

電球パーツは、すでに白色を吹いてありますが、その上からクリアーブルーを吹きます。カラータイマーは裏表両方にクリアーブルーを塗ります。そういえばニセマンの時は、シルバーを塗る前にクリアーブルーのビンの中につけて完了でしたね。

仮留めしてライトオン。良い感じですね。

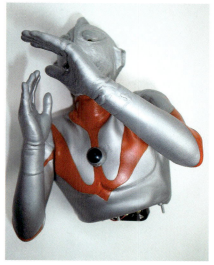

上の画像は、接着後ライトオフした画像です。結構、青が濃い感じです。

補足ですが、カラータイマーの光漏れは、周りを暗くすると良くわかります。シルバーも光漏れ防止になりますので、光漏れを見つけたらシルバーで修正します。カラータイマーや眼のペイントに関して、電飾キットでない場合は、デラックス版とスタンダード版で塗り方が違ってくると思いますが、まるで光っているようにペイントできましたら、ぜひ！ アス工房のアルバムに載せたいですね〜。ペイント方法なども教えていただければうれしいです。また、ウルトラマンプレートに使ったメタルカラーですが、上からマスキングテープを貼ると銀色がはげやすいようですので、上にペイントする場合は気をつけてください。

ウルトラマンAタイプの思い出

ウルトラマン、子供の時はやっぱり一番好きでしたね〜。ウルトラマンに教わったことはたくさんあると思います。

「正義の味方」

なんといってもこれは欠かせない言葉ですね。「正しいことをすることは、カッコイインだ！」 こんな風に頭の中にインプットされてます。

アレイドウルトラマンシリーズを始めた時から、「この怪獣の横にウルトラマンを置いてみたいなあ〜」といつも思っていました。そんな大好きなウルトラマンをいつ作るか？ もったいぶっていた訳ではないのですが、だいぶ後回しになってしまいました。その理由としては、

「ウルトラマン、特にAタイプは、出尽くしていてみんなお腹一杯だから売れない」

「怪獣ファンの人は、ウルトラマンをあまり好きではない人が結構いる」

「既発の製品以外のいいポーズが思い浮かばない」

「ある程度、怪獣が出そろってからの方がいい」などですね。

でも実際発売してみると、過去最高の予約数でした。造形はある意味、過去最高の難しさでした。そして一番力を入れたことは、

「古谷氏の体形をいかに再現できるか？」

ポーズに関しては、一番好きなスチール写真のポーズと決めていました。そのポーズが、偶然スペシウム光線発射直前のポーズだったということは、後から知りました。もう一つ、どうしてもやりたかった事は、ワンダーフェスティバル会場での「ウルトラマンを囲む会」でした。無事、その願いがかないひと区切り付けることができたという気持ちです。

この後、Bタイプ、Cタイプと早く作りたくてウズウズしていますが、まあまあ落ち着いてじっくり進めていこうと思います。もちろん怪獣も作りたくてウズウズしている奴らばっかりです。

今ケムラーの完成品製作中ですが、いつものことながら電飾キット用の透明パーツのペイントに右往左往しております。

「この本が発売される頃には、もう終わっているんだろうなあ〜」

などと考えながら、早くビールが飲みたいと思ってしまう私です。

COLUMN コラム 私の日常 作業場編02

ここは、シリコーン型製作、複製、梱包、発送を行なう離れのプレハブです。かなり細長いウナギの寝床のような部屋です。このプレハブを建てたお陰で、庭が無くなりました。車も大きな車は置けなくなりましたので、軽自動車に変えました。なんか愚痴言っているようですが、離れの部屋って、なんか良いんですよね、秘密基地みたいでここはここで落ち着くんですよ。

部屋に戻りますが、ジャンクパーツの棚です。余分なパーツは少しはとってありますので、小さいパーツなど無くされた場合、とりあえず問い合わせてみてください。あまり期待しない方が良いですけど（笑）。

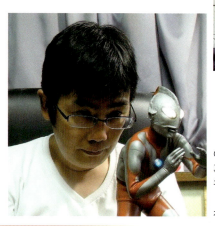

最後にAタイプと記念撮影〜。この製作記の本が、今後も続けられた場合、この記念写真の私もだんだん年老いていくんでしょうね〜。年は取りたくないですね〜。

では、今後もアレイドウルトラマンシリーズを末永くよろしくお願いいたします。

完成品 GALLERY
ウルトラマン Aタイプ 編

アレイド ウルトラマンシリーズ アイテムリスト

※掲載されている製品はすべて販売終了しております。

アレイド
ウルトラマンシリーズ第1弾
宇宙怪獣ベムラー

2016年12月発売の再販版パッケージ

『ウルトラマン』第1話「ウルトラ作戦第1号」より
●2009年9月発売●全高／約38cm●全13パーツ●原型製作／浅川洋●レジンキット

アレイド
ウルトラマンシリーズ第2弾
有翼怪獣チャンドラー

『ウルトラマン』第8話「怪獣無法地帯」より
●2010年2月発売●全高／約37cm●全20パーツ●原型製作／浅川洋●レジンキット

アレイド
ウルトラマンシリーズ第3弾
海底原人ラゴン

『ウルトラマン』第4話「大爆発5秒前」より●2010年7月発売●全高／約33cm●全14パーツ●原型製作／浅川洋●レジンキット●原爆付属

アレイド
ウルトラマンシリーズ第4弾
古代怪獣ゴモラ

2015年12月発売のシリーズ第15弾「古代怪獣ゴモラ 2nd」のパッケージ

『ウルトラマン』第26話・第27話「怪獣殿下 前篇・後篇」より●2010年11月発売●全高／約36cm●全12パーツ●原型製作／浅川洋●レジンキット●尻尾は分割可能

アレイド
ウルトラマンシリーズ第5弾
伝説怪獣ウー

『ウルトラマン』第30話「まぼろしの雪山」より●2011年3月発売●全高／約34cm●全32パーツ●原型製作／浅川洋●レジンキット

アレイド
ウルトラマンシリーズ第6弾
宇宙忍者バルタン星人

『ウルトラマン』第2話「侵略者を撃て」より●2011年9月発売●全高／約37cm●全25パーツ●原型製作／浅川洋●レジンキット●ポーズ選択可能

アレイド
ウルトラマンシリーズ第7弾
変身怪獣ザラガス

『ウルトラマン』第36話「撃つな！アラシ」より●2012年3月発売●全高／約34cm●全23パーツ＋140パーツ●原型製作／浅川洋●レジンキット●甲羅パーツ脱着可能

アレイド
ウルトラマンシリーズ第8弾
吸血植物ケロニア

『ウルトラマン』第31話「来たのは誰だ」より●2012円7月発売●全高／約34cm●全22パーツ●原型製作／浅川洋●レジンキット

アレイド
ウルトラマンシリーズ第9弾
ウラン怪獣ガボラ

『ウルトラマン』第9話「電光石火作戦」より●2012年12月発売●全高／約29cm●全26パーツ（デラックス版）、全19パーツ（スタンダード版）●原型製作／浅川洋●レジンキット

アレイド
ウルトラマンシリーズ第10弾
地底怪獣テレスドン

『ウルトラマン』第22話「地上破壊工作」より●2013年4月発売●全高／約29cm●全16パーツ●原型製作／浅川洋●レジンキット

アレイド
ウルトラマンシリーズ第11弾
宇宙忍者バルタン星人 二代目

『ウルトラマン』第16話「科特隊宇宙へ」より●2013年8月発売●全高／約38〜39cm●全35パーツ、全42パーツ（反射＋攻撃ポーズ版）●原型製作／浅川洋●レジンキット

アレイド
ウルトラマンシリーズ第12弾
ニセ・ウルトラマン

『ウルトラマン』第18話「遊星から来た兄弟」より●2014年2月発売●全高／約33cm●全13パーツ●原型製作／浅川洋●レジンキット

アレイド
ウルトラマンシリーズ第13弾
怪獣酋長ジェロニモン

『ウルトラマン』第37話「小さな英雄」より●2014年9月発売●全高／約43cm●全87パーツ●原型製作／浅川洋●レジンキット

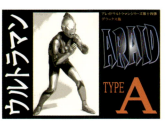

アレイド
ウルトラマンシリーズ第14弾
ウルトラマン Aタイプ

『ウルトラマン』より●2015年8月発売●全高／約33cm●全10パーツ（スタンダード版）、全14パーツ（デラックス版）●原型製作／浅川洋●レジンキット●デラックス版にはベースとネームプレートも付属

あとがき ～この本を作ろうと思った理由～

浅川洋

この本を作ろうと思った理由

　アレイドウルトラマンシリーズが始まって早9年、このシリーズも18作目となりました。それと共にブログの完成品製作記も18項目と増えて、ビッグローブさんのお陰で、今まで更新してこられました。しかし、いつまで更新できるのか確かなものはありません。完成品製作記が無くなると、残されたキット達を製作する時、困ることがあるかもしれません。いつの日からかそんな不安を持つようになっていました。

　しかし、縁あってこのような本としてまとめられることができました。永久保存版としてキットと共にいつまでも残せることができれば安心です。キットを購入している方にはもちろん、キットを購入していない方でも楽しめるように完成品の画像をなるべくたくさん載せるようにしました。そしてなんと！人気作家の小森陽一先生に前書きを書いてもらいました。そこで、私もこの機会に少し書かせていただこうと思います。普段、ブログ等では書かないような真面目な話を書いてみましたので、読んでいただければ幸いです。

日本で生まれた怪獣文化

　ただの怪獣の作り物？……とんでもないです。彼らの手にかかれば、まるで自然物のように怪獣を作り上げてしまうのです。まさにゴッドハンド、神のなせる業です。その彼らとは、成田亨氏と高山良策氏。

　彼らの作る怪獣達は、どれもみな「いい顔」をしています。「いい顔」とは、生き生きとしていて、どことなく愛嬌があったり親しみを感じる顔だと思います。

　高山目と呼ばれる眠そうなまぶた、下唇ベロンチョの唇、左右対称にしないというテクニックなどがスパイスとなっているのは間違いないのですが、どの怪獣にもカッコよさ、怖さ、かわいらしさ、悲しさ、か弱さ、人間臭さ、奥ゆかしさ、不思議さなどなど、ひとつだけではなくいくつも感じ取ることができます。しかも微妙なさじ加減で、それらのいくつかが混ざり合っているのです。人が作る造形物でそれを表現するのは、至難の業だと思います。しかし彼らは、それらを製作し怪獣の着ぐるみとして、世に送り出したのです。そして、その怪獣達が、私たちを半世紀もの間、魅了し続けているのです。

　初代ウルトラマン以降、カッコよさの追求、奇抜さの追求、かわいらしさの追求、怖さの追求、はたまたグロさの追求などによって、たくさんの素晴らしい怪獣達が生まれてきました。しかし「何かが足りない」と感じたことはないでしょうか？表面的なパーツがゴテゴテたくさんついてれば、見栄えのする怪獣になるかもしれませんが、それだけで終わってしまいます。ゴモラやジェロニモン、ケロニア、ラゴン、チャンドラー、テレスドン、ピグモンなどなど…をよーく見てください。共通しているのは、人と同じように白目と黒目のある怪獣ですが、それぞれが「いい顔」をしてます。言葉ではとても表現できませんが、それぞれに個性があり表情がありその中に感情までも感じるのです。

　それとは別に人の目と違う目を持つゼットン、アントラー、バルタン星人、メフィラス星人などはと言うと、その全体的なフォルムから、「いい顔」を感じ取ることができます。これも言葉では表現できませんが、それぞれ全体的な造形に表情があり、個性的なのにカッコ良く、なぜか親しみを持てます。

　なぜ、親しみを持てるのでしょうか？

　その理由としては、着ぐるみという要素が、かなり貢献していると思います。私たちが毎日見ていて、一番親しみや安心感を感じる物といえば「人」です。着ぐるみの中にその人が入っているため、怪獣の外から見ても何となく人を感じることができます。

「え〜折角、人の形を隠しているのに〜」

　と思われるかもしれません。でもそれが良いのです…いや、だから良いのです。それが日本で生まれた怪獣なのです。

　それに加えて着ぐるみの利点として、人体のバランスの取れた自然な動きにより、その怪獣の動きとしても違和感なく表現されます。熟練したスーツアクターの演技力による怪獣への性格付けが、超一流なん

です。例えばゼットンは、一見重厚なイメージのフォルムですが、動き出すとチャキチャキと軽快で力強く動くあの様は、あの声や光と連動して、個性的かつ完璧な怪獣として完成しています。

ラゴンのしなやかで素早い動きやガボラの重そうな動き、またザラガスやガヴァドンなど寝ている怪獣などなど、なんて自然で親近感を持てる演出なんでしょう。そんな言葉ではとても表現できない怪獣達の「いい顔」に近づきたくて、表現したくて、私はこのウルトラマンシリーズを作り始めました。

資料について

私の怪獣原型作りは、まず資料集めから始まります。常日頃から集めている本から、そのキャラクターの画像を複写してパソコンの中に取り込みます。それとすでにパソコンの中にため込んである画像とを合わせて、その怪獣のファイルを作成します。かなりの数の画像が集まりますが、結局、よく使う画像は限られてきます。そこには、よくある落とし穴の「ウラ焼き」の写真も紛れているのです。厄介なことに「ウラ焼き」は、すぐに気が付くとは限りません。

前の章でも書いた「左右対称にしないというテクニック」。これを表現するためには、左右をしっかり認識できていないと作れません。「ウラ焼き」で右腕が左腕だったらアウトなのです。例えば、ゼットンは顔と胸、腰の正中線がずれていて、左右の腕の黒い部分のつく位置、幅など、まったくもって左右対称とは言えず、顔の細部の造形や角、甲羅なども左右対称とは言えない形になっています。そう言った初代マン怪獣の魅力の一つでもある「左右対称にしないというテクニック」を表現するのも私にとっては重要な要素なのです。まあしかし、「ウラ焼き」を徹底的にリサーチしていても、中には分からないままの画像もあります。たくさんの資料の中には、「え～そんな筈はない！」と言ってしまいそうな画像も存在します。しかし、私の今までの経験から「写真は決してウソをつかない」ということがわかっていますので、そこからその写真を検証していきます。例えば、「スーツアクターが入っていなかった」とか「着ぐるみの修正によって変更された」とか「元々ずれてついていたことを他のすべての画像でも確認できていなかった」とか「テレビ画像の縦横の比率が違っていた」とか様々な理由があったりします。その辺も徹底的にリサーチしているつもりですが、中にはわからないままの画像もあります。

極端な話ですが、立体物を完璧にコピーするには、同じポーズで横360枚＋縦360枚＋奥行360枚の写真が必要で、それをもとに横360枚＋縦360枚＋奥行360枚のデッサンを描いていく作業が必要になります。まあしかしそんな膨大な資料があるはずもありませんし仮にあったとしたら、コンピューターで作ったほうが良いでしょう。最新の映画のように3Dデータがあれば、3Dデジタル出力により造形可能ですが、昔の映像作品では今のところ、原型師の目と手が頼りです。

それほど膨大な資料は無いですが、いろいろな角度から見た画像をトレースしていき、つなぎ合わせていく作業の繰り返しが、私の仕事です。恐竜の化石の発掘みたいですが、発掘と違うところは、何と言っても本物が動く映像があるということですね。本物が動く映像があるおかげで「いい顔」の怪獣を感じ、それを資料にして楽しい造形ができるのです。

「映像の中のキャラクターが、目の前にポンとあったら！」

ずいぶん前、CS放送の「職人の道具」という番組に出演させていただいた時に、そんなことを言っていたのを思い出しました。もちろん、今もその考えは変わっていません。映像の中の実体が、映像の中で暴れまわり、それを見ている人は、映像の中だけでしか触れ合うことができない。でもその実体が、もし目の前にあったら、その感動がさらに広がるのではないでしょうか。

原型製作について

私の造形作業の中で一番時間を要する作業は、やはり全体のバラ

ンスです。全体的なパーツ構成といいますか、頭、首、胸、腕、腰、脚、尻尾などの正確な長さ、太さ、大まかな形を出しそれぞれのパーツのつく位置、角度などの空間構成を割り出します。ひたすら資料とにらめっこしながら、ひたすら修正の日々が延々と続きます。私の造形ポリシーは、「ひたすら写実を追い求める」ということなので、あらゆる角度から見て、モチーフと同じ形になるように追求していきます。するとある日、「これだ～」と、私の脳内イメージと同じか、それを超える怪獣が姿を現します。うれしくて早く皆さんに見せたくなりますが、この時点ではまだ表面ディテールは何もついていませんので、たぶんピンと来ないかと思います。面白いことに、ひたすら写実を追求していたにもかかわらず、この時点では私の脳内イメージが優先しているのです。いつの間にか「テレスドンのイメージはこうだ」「ウルトラマンAタイプのイメージはこうだ」などと、とても言葉では表現できなくて、そのキャラクターにしかない雰囲気を私の中で確立しているのです。そして、それが形になった時は、感動で胸が震えます。

時として、私の脳内イメージを超える怪獣になった時などは、鳥肌が立ちます。たぶんモチーフが素晴らしい造形なので、その感動を少し味わえたということなのかもしれませんが、もしかしたら、私の主観的造形が入っていても、それがわかりにくいようにアレンジを施しているのかもしれません。

自分でやっていることなのに記憶に無いのです。無意識のうちに手が動いている状態は良くありますので、そんな時にやっちゃっているのかもしれません。

その後、細部の造形や表面ディテールを付けていくと、感動が興奮に変わり、毎日がウキウキになっていきます。この仕事をやっていて本当に良かったと思う瞬間でもあります。

ところが、作業を続けていくうちに「あれ～おかしいな」と何か引っかかるようになってきます。細部の造形や表面ディテールを作業することによって、今まで気が付かなかったことに気付き始めるのです。ここでモードチェンジするのかもしれません。

これまでは全体像重視で、細いところは全然見ていなかったピントが、ここでズームし細かいところにも焦点が合うのだと思います。まだピントが合わなくて、どうしても手が入らない時は大抵、全体のイメージが違う場合です。たいしたことない場所だと思っても、そこを直すことによって、あれよあれよと良くなるパターンが結構ありますので、どこもかしこも気を抜けないです。そんなこんなで原型完成する頃には、その怪獣の造形的な秘密をたくさん原型に盛り込んであります。そしてとても言葉では表現できない「いい顔」の怪獣達になっていることを願いつつ原型を公開するのです。

正直な話、私にとって原型製作は、終わりがないです。なぜなら、直したい部分が次から次に見つかるので、延々といじっていられます。過去に作った原型も、時がたてば直したいところがかなりあったりします。ゴモラ2nd.では、それをやってしまいましたが、今後は、再販で造形を変えることはしないつもりです。

結局、どこかで区切りを付けて、終わらせないことには、いつまでたっても皆さんのお手元に送ることもできませんし、私にも生活があるので、収入がなくてはこの仕事を続けることもできません。ですので私の中では、ここまでできれば完成というライン（レベル）が存在します。今後もそのライン（レベル）を上げつつ、定期的に皆様にお届けできるよう頑張っていきたいと思います。

完成品について

今回この本を出すことが出来た理由の一つに、完成品製作記をやめずに続けてきたということがあります。改めて続けていて良かったとしみじみ思います。慣れない頃は、肝心なところの写真を撮り忘れていたり、簡単すぎて説明不足だったりしましたが、慣れてきて説明しすぎると、逆に難しく思われたりしてしまうので、ほどほどがいいかもと思う今日この頃です。完成品製作記は、「ガレージキット初心者でも、なるべく簡単で早くカッコイイ完成品製作ができる。」

という考えで進めています。ただ私も毎回迷いながらやっているのが、電飾キットで光る部分のペイントです。光らせながら確認するという工程が必要なので、何回も塗り直したりして、どうしても時間と手間がかかります。完成品製作記を読んでいただければ、毎回苦労している様子がわかると思います（笑）。しかし上手く決まれば、何とも言えない達成感や感動を味わうことができます。

特に写真に撮った時、まるで映像のなかで動いている生き生きとした怪獣に見えたりします。質感的には、レジンの固まりが、ラテックスの着ぐるみに見えてきます。さらに言うなら、私がそれなりに完成させた怪獣より、凄腕フィニッシャーの方の完成品は、私が原型を作ったのが信じられなくなるぐらいです。

写真について

アス工房のアルバムを見ていただければわかると思いますが、写真はなるべくたくさんあらゆる方向から撮ります。なぜならほとんどのお客様は、その原型写真を見て購入を決めるからです。カッコ良いアングルもカッコ悪いアングルもすべて見てもらいます。
「写真じゃ原型の良さが伝わらない」「写真を見てもピンと来ないけど、実物を見たらかなり良かった」
などと言っていただいたことがあります。3Dの原型を写真によって2Dに変換すると、全く別物のように見えたりします。「あれっ、こんなはずじゃなかったのに」と思ったりもします。2個の眼（肉眼）で見ていたものが1個の眼（カメラ）になるわけですから、無理もないのですが、ほとんどのお客様は、この写真を見て購入を決めるという事実がある以上、なるべくたくさんの写真を見ていただくしか方法がないのです。

製品化について

ガレージキットなので、製品化といってもアバウトさは否めないのですが、最低限の製品化でもお客様に気持ちよく購入していただけるに越したことはないので、私なりに複製、パッケージ、インスト、梱包などをしているつもりです。複製は、業者抜きと私の抜きの両方で対応しています。たまにブログ等でぼやいていますが、すべてのパーツを業者抜きにすると、今の定価が倍近く跳ね上がるので、抜ける物はなるべく私が常圧成型で抜いています。なので、複製にかかる時間もかなり必要です。また従来の30cmサイズと違い、中の人30cmサイズというのはかなり大きく、怪獣のように体積のあるキットは、コストが何倍にも跳ね上がります。パッケージデザイン、インストなどは、平面的作業ですしかなり自由にやらせていただいてますので、いつも楽しみながらやっています。最近、ヤマダマサミさんに解説を書いてもらっていますが、その内容にはただただ脱帽するばかりです。ただのガレージキットが、品格のある大人の模型になったような感じです。梱包、発送などでは、なるべくメールによるご連絡をするよう心がけています。人気製品の場合は、かなりの数の発送になりますが、すべての箱詰め、発送に立ち会わないと安心できないので、すべて私がやってます。

キット発送が終わり、皆様のもとに旅立って行った後、メールやネット上などで、喜びのコメントや感想をいただいたり、キットを製作し完成品の画像を見せていただいたり、私の手を離れたキット達の活躍ぶりを見ていると、「あの時、妥協しないであえて難しい方を選んで良かった」「あの時、あそこを直しておいて良かった」「あの時、ハンパネ〜思いをしながらがんばって良かった」などなど、思い出すことがたくさんあります。キットを通して、私の感じた言葉では表現できないメッセージを受け取っていただくということのすばらしさ。今までキットを購入していただいている方には、本当に感謝の気持ちでいっぱいです。

怪獣ガレージキットが、日本で生まれた怪獣文化の一つとなることを願いつつ、これからも怪獣を作り続けていきたいと思います。最後になりましたが、この本を作るにあたりご尽力していただいた小森先生、ホビージャパンの方々、円谷プロの方々、誠にありがとうございました。今後も第二弾を出すべく日夜、造形活動に邁進していきたいと思います。

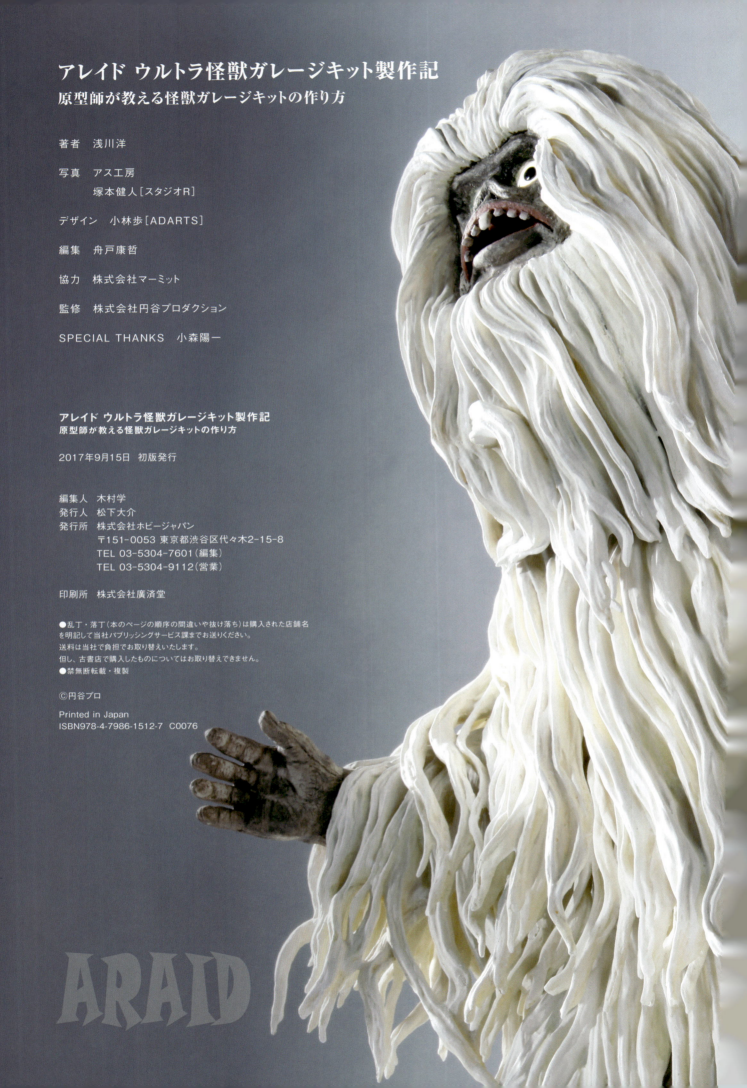

アレイド ウルトラ怪獣ガレージキット製作記
原型師が教える怪獣ガレージキットの作り方

著者　浅川洋

写真　アス工房
　　　塚本健人［スタジオR］

デザイン　小林歩［ADARTS］

編集　舟戸康哲

協力　株式会社マーミット

監修　株式会社円谷プロダクション

SPECIAL THANKS　小森陽一

アレイド ウルトラ怪獣ガレージキット製作記
原型師が教える怪獣ガレージキットの作り方

2017年9月15日 初版発行

編集人　木村学
発行人　松下大介
発行所　株式会社ホビージャパン
　　　　〒151-0053 東京都渋谷区代々木2-15-8
　　　　TEL 03-5304-7601（編集）
　　　　TEL 03-5304-9112（営業）

印刷所　株式会社廣済堂

●乱丁・落丁（本のページの順序の間違いや抜け落ち）は購入された店舗名を明記して当社パブリッシングサービス課までお送りください。送料は当社で負担でお取り替えいたします。
但し、古書店で購入したものについてはお取り替えできません。
●禁無断転載・複製

Ⓒ円谷プロ
Printed in Japan
ISBN978-4-7986-1512-7 C0076